善用天賦

追尋自我，花漾人生持續綻放

Talent

CONTENT

Ch.4 如何成為造型師

自序

從 2001 年出版第一本書，不管是彩妝保養、整體造型、減肥瘦身等，後來還有一本關於花藝的，每次出書，都是為當時的自己留下紀錄，同時也透過文字傳播的力量，讓更多人找到適合自己的生活態度。其中 2006 年出版的《邁向夢幻造型師之路：你也可以成為李明川》，剛好是我職場生活的尷尬期，因為那幾年遊走在幕前幕後之間，說好聽一點是「身份多元」、講難聽一點就是「不務正業」，常常前一刻我還在幫藝人化妝做造型，下一刻就得自己梳妝打扮成為鎂光燈的焦點。當時的我常在夜闌人靜時思考「這是我要的生活嗎？」當有異樣眼光或對我專業的質疑，都讓我產生許多「想逃」的念頭，但礙於生活經濟壓力，只能繼續「假裝沒事」如常運作。

「假裝沒事」一直是我的強項，無論是從小因為原生家庭的關係、求學過程的經歷，再到職場上的各種配合，遇到任何不公平對待，「以和為貴」是我的最高指導原則，遇到失敗或挫折也很少跟別人提起，總覺得別人沒有義務為了我的事情傷神，所以大多都是自我消化之後，進入假裝沒事的無限循環。但也因為這個自我防備機制，常給人一種距離感，甚至還被人冠上「假假的」名號，當然也因為「假裝沒事」已經被我內化成一種生存能力，所以我也某種程度不在意別人怎麼說我，因為我都假裝沒看到、假裝沒聽到，甚或假裝沒有感覺。

碰觸一些刻意遺忘的心理狀態，我需要多點勇氣。

重新檢視過去的自己，就從這本當年出版的《邁向夢幻造型師之路》副標出發，「你也可以成為李明川」不是那個享受掌聲、人人吹捧的明星造型師，而是剝開功成名就的華麗包裝、卸下虛榮浮誇的時尚武裝，一個從小沒有夢想、生活平凡的我，一步一腳印堅持用自己的方式前進，或許速度沒有比別人快，但收穫卻比別人更加踏實。跨越不同世代的經歷，自媒體是現代人慣以運用的溝通管道，先不講如何在這波洪流當中找到適合自己的商業模式，至少要做到擁有「不被淘汰」的能力，再從我共事過的藝人身上，延伸讓人意想不到的心情故事，或許歡樂、或許溫馨、有些還滿感人的，不一樣性格特質造就出不同人生版圖，從別人身上學習優點，是每個人在人生下半場都要做的事。

最後再帶著大家一起回到我的起點，當我還是那個什麼都不怕的大學生就出道幫藝人化妝做造型，合作過的大明星更是不計其數，如何成為一名專業造型師，其中的眉眉角角也會在書中毫不保留跟大家分享。

謝謝這一路上支持與鼓勵我的你們，沒有你們，就沒有現在的李明川。

當然也要謝謝那些不喜歡我的人，因爲有你們才讓我學會更愛我自己。

面對，接受，放下，聽起來是老生常談的心靈雞湯。但現在的我面對自己的優點與缺點，接受來自四面八方不同的聲音，最重要的，我已經可以慢慢放下所有的討好與不安。「善用天賦」是一種超能力，適時地爲自己加油打氣，就是培養超能力的開始。

這本書要獻給每個還在人生迷途中的人，如果我可以，你一定也可以。

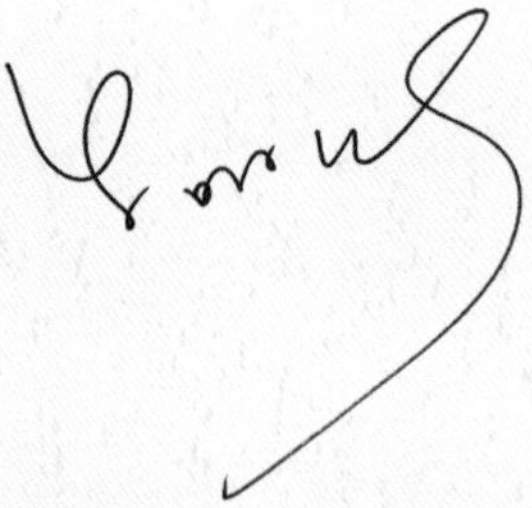

打造個人 IP

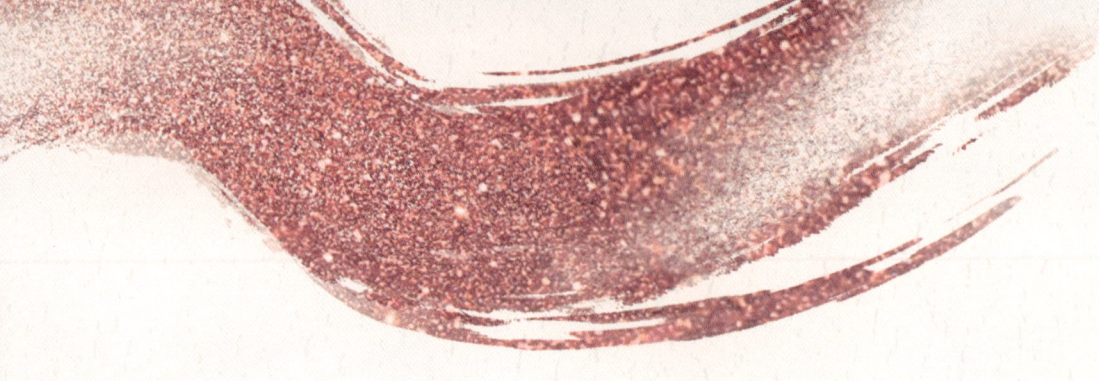

歡迎光臨，我的斜槓人生！

（一）不要懷疑～「你」就是品牌

每個人都以為「做品牌」就得做出實際的商品，但對我來說，有著不同人生階段的自己，本身就是個「品牌」（個人 IP），但如果當你想把自己當成「品牌」來經營時，就必須回頭檢視自己是「怎樣」的品牌。例如這幾年網路上看到各式各樣「個人 IP」如雨後春筍般誕生，舉凡美妝、美食、健身、財經和時尚等，但以化妝造型師出道至今的我，「個人 IP」更新速度已經快到大家要跟不上了吧！那是因為我不停地進行「品牌再造」，這樣才能讓我的「個人 IP」持續延伸出更多不一樣的可能性。

以個人商品化來舉例，有些人可能覺得自己是「精品」，有些人則認為自己是「文創商品」，而我則把自己設定成什麼都賣、什麼都不奇怪的「百貨公司」！本人我有著各類不一樣的「商品」可以滿足您，不管客戶想逛哪一層樓的 Me，我都能給出該樓層最強賣點、明星商品！也因為這樣的 IP 設定，我既可以分享美妝，也能分享保養及造型，現在甚至料理座談會也難不倒我！我還身兼花藝李先生、攝影師小李，你們要把我歸類在諧星我也不反對！因為我就是「百貨公司」！

但初期我的確是以彩妝服務為「主商品」，因為專業彩妝需要有一定的技巧及基礎才能順利完成，而且當時能在台上邊講邊操作的同行也比較少，所以這部份除了能突顯我的獨特性，也能讓我同時擁有市場競爭力。但彩妝品汰換率低、單價也不高，一盒眼影甚至還能用個好幾年（？），一旦消費者不需要「頻繁購買」的話，就會間接影響我的工作發展，相較之下，「保養」感覺比較有市場，所以我把彩妝及保養技巧的間距拉近，一同納入「百貨公司」成為我的「重點商品」。

開啟了保養項目後，也的確接了不少保養 VIP 座談會和百貨公司開 Mic 活動等，但幾場活動下來我發現，在活動現場，我需要溝通的對象居然都是男性？！我其實都是在跟這些男性們對話，因為很多時候，他們都是陪著姐姐妹妹們一起逛街的另一半，所以如果在活動中跟他們對話，讓他們能夠有耐心杵在現場，那麼另一半就有機會待久一點，待越久越有機會消費。所以我在台上的話術就是「對男性說話」，而且這些人同時也可能是付錢的關鍵人物，這就是我的商業技巧，因此我也培養出了很多男粉，坊間說的「人夫殺手」就是我本人！現在他們都會主動停下來聽我講話，也會要太太或女友好好聽明川老師教彩妝保養，所以我們的工作不止要養女粉、也要養男粉，而且這男粉得越直越好啊！

服裝造型也是我的強項，三十歲時，當時節目還不像現在這樣，有女明星願意卸妝接受改造的那些哏，所以只有服裝造型最能看出 Before 與 After 的變化，也最有節目效果。也因為節目效果好，我還有個「改造界救世主」的稱號！事實上，服裝造型也是創立「個人 IP」很重要的關鍵，這部分容我稍後再說。

接下來我的**斜槓人生就如同你們所看到的，不停進化！**

2020 年我為了學習花藝，特別飛到紐約及倫敦上花藝課，一方面想投資自己、一方面也想好好充實自己。有趣的是，紐約與倫敦的花藝大不同，紐約花藝的風格屬顏色大膽、並講求插花技巧，另外，美式花藝還有個意想不到的特色就是——很重視環保，不用花器、也不需要一堆乾燥花泥、圓藝海棉及鐵絲那些，皆採「投瓶式」。從這裡我看

到了關於品牌創立的許多細節，例如 ESG（永續發展），連插花這小小事業也是需要永續發展的，因此，我比別人看到了更不一樣的面向。

而倫敦花藝就比較走創意風格，加上多樣化花材的運用，讓我在倫敦學到了如何「打破傳統」，因為一般人從事花藝、都會有一種標配般的 SOP，但我覺得，能做出讓收到花的人感到開心的作品，才是真正的好作品，所以在花藝斜槓中，我以原來的美妝造型做延伸，發展出「用花藝為生活『上妝』」的全新川氏流派，沒想到還真的走出了獨特風格，而且相當受到青睞！但其實我跟很多人一樣，並不喜歡花！就覺得送花很浪費，而且它活個幾天就沒了，加上如果收到品味很差的花……那真的是痛苦又難受。再者，最讓我覺得困擾的其實是枯萎的花該如何做垃圾分類啊？它是廚餘還是一般垃圾？所以我從來都沒有真正地喜歡花，是因為要學習花藝才開始接觸……。

大家都快忘記的那三年疫情，其實是勾起我料理魂的緣起。最嚴重的三級警戒期間，我在社群平台上分享的「環遊世界美食照」引發了眾人討論，同時也吸引了品牌端的注意，緊接著除了各種食材及料理包的暖心補給，收到的鍋碗瓢盆，更是多到至少能讓我用個三年跑不掉。雖然我從沒想過往料理這方面斜槓，但此時的我既然已經被品牌看見，就得正視自己的能力，想經營個人 IP，就不能小看自己，所以一開始我抱著「你敢找我，我就敢做」的心情，但真正開始執行時，仔細想想，我要競爭的對象都是些牌子老信用好的廚師及老師傅們，所以我給自己的壓力還挺大的，但後來發現我的真正賣點是「分享生活」，如何從儀式感裡找到生活價值、提升生活品味等，而不是在美食界拚博廚藝，這才是「川 way 料理」精神啊！

再來～回到我的本業。這幾年我也再度走入校園，因為對我來說，把過去的經驗傳承給下一代是我的目標志業，但在課堂上，我從來都不是以彩妝技巧或穿搭理論為教學核心，而是關於這門課所延伸的行業別其種種現實面，先打好現實的預防針，因為職場如戰場，當你將面對挑戰時才開始製造刀槍，已經來不及了。其實這幾年，我在學校真正得到的是「教學相長」，因為現在的學生跟我已相差了好幾個世代，所以我在教學過程中，也能從他們身上學到許多，與這個世代對話是很有趣的，同時也能讓我的「個人品牌」更加年輕化。

說了這麼多，關鍵就是在告訴大家；**每個人都可以是自己的「品牌」**。首先，先找出最有興趣及最不擅長的事，因為我們往往在面對有興趣

的事物時，都會投以高度熱情，執行起來也較得心應手，但也可能因為太過得心應手，太容易獲得成效，而讓品牌續航力迅速降低，所以建議大家，如果是要以有興趣的項目做為品牌延伸，請務必以團隊模式執行，讓自己接收別人不同的視角及意見，免於落入自我迷思。反之，如果你是戰狼性格，我就會鼓勵大家往沒興趣的事物突破，因為沒興趣，才能用客觀角度看待並謹慎執行，降低情感面、提升理智面，以這樣的態度來經營事業，反而成功機率高。

（二）品牌力就是個人魅力

一般代表「專業」的服裝造型，黑、灰、藍都是屬於能讓人感覺到專業、值得信賴的顏色，白色則比較清新好親近。另外，像是這幾年流行的大地色系，也是穿搭的好選擇，但以上這些，你以為都只是在講服裝造型嗎？其實從服裝風格延伸到「個人品牌力」時，這就會跟「形象」有關，接著為什麼要特別提到形象？就像品牌要有代言人、要有 CIS（企業識別），甚至還會有吉祥物一樣，這就是形象的關鍵。

既然要做「個人品牌」，你有想過要給別人什麼樣的品牌形象嗎？

像我自己在每個不同階段，都會維持差不多的造型一段時間，不是因為我偷懶，而是因為我在當下得創造出一個能「深植人心」的形象，讓人容易記住我，看一眼就會想起我是誰，因為這樣不只對我的「個人品牌」，對消費者、甚至是對我不熟悉的人來說，都如同在用一種「強迫推銷」的方式，讓大家記住我的樣貌。當你有了一定的形象後，自然就會有一定的受眾，而這些受眾就是你的流量來源。

那你呢？你所營造出的形象，也能深植人心、讓人過目不忘嗎？

（三）做什麼像什麼是「低標」

我常看到很多藝人說自己多努力、多認真在做品牌，但很認真、很用功這些都是應該的，為何要拿出來講？決定做一件事，就該做好準備，而不是將準備過程拿來說嘴，所以對我來說，自己在工作領域裡有沒有真正把基本功練好很重要，就像這幾年我也成為了歌手李明川，目的其一，是想為自己的職場生涯做記錄，因為我翻唱的歌曲，都是來自以往合作過造型的歌手，同時也想在這多角化的演藝生涯中開創一條新道路。所以這絕不只是單純的圓夢計畫，而是期望透過不同的表演方式，能帶來新的行銷模式，像是與品牌合作聯名商品，除了用原有的專業形象來代言，也能透過我的視角為大家做選品，加上音樂本來就是最容易溝通的語言，所以從單曲發展出聯名商品，也是種創新，

別人用直播帶貨，我則是用單曲來帶貨！而且第一首歌特別到巴黎拍MV，就是要先把定錨點提高，這些影像哪怕是驚艷或驚嚇（笑），都是一種行銷手法。接下來推出日文版單曲，除了有跨足海外的意圖，主要是想把商品區隔性做出來，另外〈愛的尋找〉與新北耶誕城指標型城市行銷做結合，在MV中狂換服裝，則是與我的專業綁在一起，未來也可以跟各地城市行銷做結合，對我來說，這也是不同行銷工具的一種示範。再來是與國際星級飯店異業結合，以單曲聯名下午茶創下市場先驅。

以上都是在講各種行銷工具的利用，因為當你是「品牌」時，行銷管道就變得非常重要，不管你想做什麼，至少都要懂得鎖定適合自己的「行銷工具」，知道你的行銷手法可以根據什麼去變化。例如一樣在

不可思議愛上你 @李明川
W. SHOW

愛
的
尋找
李明川
LOOKING FOR LOVE

網路上賣商品，A 商品針對母嬰就得去 MOMO，B 商品針對商務就去 PChome 24h，C 商品針對全家大小就去蝦皮，不同性質商品所運用的行銷工具都會是不一樣的。

（四）借力使力才是王道

團隊很重要，成功與團結就是力量！我們以前聽過的成語都是很有道理的，成功絕對與團隊有關。但我說的「團隊」，並非要你養一群員工才叫團隊，而是懂得借力使力，例如身邊正好有比你厲害的設計人才，那麼就要懂得將商品的設計包裝委託對方執行，好好利用並相信專業，凡事都要懂得分工，有時過度親力親為反而沒效率。

綜合大家的專業能力，是我做「個人品牌」時非常重視的部份，甚至對我來說，每一位消費者也都會是借力使力的對象，套個直銷的說法，這些人「都是我的下線」，而讓我的下線幫我招攬更多的下線很重要！但如果想維持這些鐵粉下線的黏稠度，就得好好花時間經營社群平台，例如線上做好客服是最基本的，得親自回覆留言、跟粉絲們互動，別讓人覺得自己遙不可及；而線下消費者活動也要做好，懂得與品牌專櫃人員互動，一同借力使力才是王道。

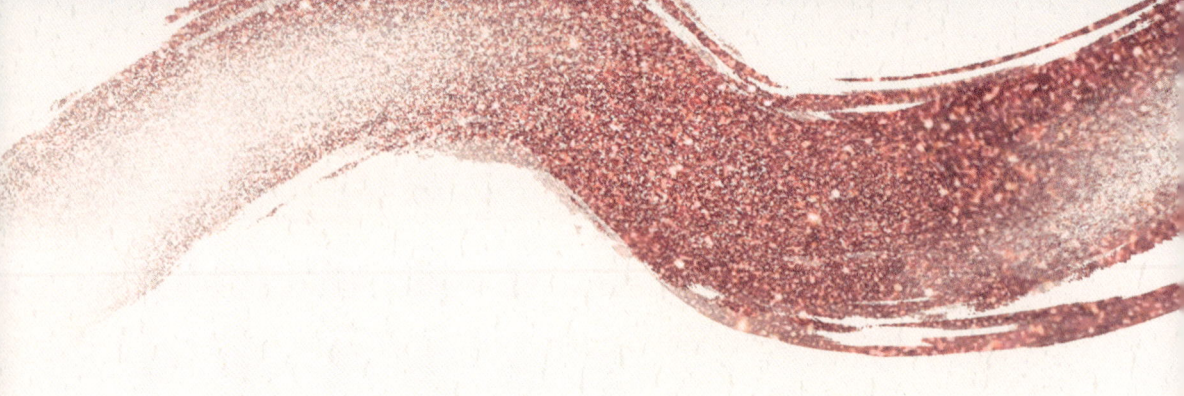

世上最偉大的存在是綜藝咖

（一）原來我是最時尚的諧星

現在的觀眾大部份都從各大綜藝節目上認識我，但「上個世紀」就認識我的觀眾則是從美妝造型的領域開始，最早的三立《完全娛樂》、Channel V《時尚糾察隊》、TVBS《女人我最大》，我甚至一度到對岸主持美妝節目、擔任越南美妝節目固定嘉賓，最後在各大節目變成所謂「綜藝咖」。老實說剛開始滿排斥的，因為要一個像我這樣「生性嚴謹」的「超級 i 人」轉型變成在節目上說學逗唱、插科打諢……這真的需要多大的勇氣？所以剛開始對於要不要跨出這一步，真的很掙扎！

但當年我剛入行不久，沒有資源也沒有背景，製作單位要我上節目，我完全不敢 Say No，因為我以為如果拒絕邀約，有可能連本來梳化造型的工作也沒了，就這樣上了第一次、接著第二次、第三次，到成為我工作項目的一部分，當時沒得選擇嗎？換個角度來看，或許我比別人幸運，多了不一樣的選擇，因為時代在改變，如果想讓大家更了解我們這行在做什麼，想成為有能力發聲的人，我就得跨出去，畢竟梳化造型在業界中，就是一群長期隱身於幕後、默默無聲的人，也因為默默無聲，就會讓我們在工作上容易遇到誤解，例如大家都覺得我們是「八卦來源」、「緋聞小本本」這類的誤解從沒被正視過，但我更介意的是「你們會選擇做梳化，是不是都不愛唸書？」（Hello ～～）所以剛開始上綜藝或談話性節目時，我就一直努力地想洗刷大家這樣的想法，我希望自己言之有物，不說空泛無益的話，不然這行業的既定印象很難被打破。

就像前面提到，我一開始是以專業形象上節目，中後期開始分享各種生活經驗或工作上遇到的奇人異事，慢慢地成為別人口中的綜藝通告咖，這中間的轉變對我來說，最大的差別在綜藝或談話性節目的層面更廣，例如同場來賓來自四面八方，觀眾也不同於以往的領域，看到我的人更多更廣，這不正是達到我一開始希望能夠發聲的目的？儘管我也曾一度感覺迷惘，因為綜藝節目上得太多，好像漸漸失去了專業形象，也因為不停地消耗能量，讓自己覺得有點被掏空。後來發現越來越多民眾，會在活動上跟我分享他們看到節目的想法，遇到偶爾被

媒體斷章取義的內容，也會表達相信我的論述並給予鼓勵或支持，畢竟現在快節奏的視聽文化之下，很多時候會因為「標題」成為被無限上綱的出征對象，這時候如何能有智慧又帶幽默感去應對就很重要，對我來說，這是從上綜藝節目獲得的心理素質訓練。

「自嘲」是最高等級的幽默，巧妙運用不但能化解尷尬，有時候還能意外地產生共鳴。有些人很介意被冠上「綜藝咖」，但我反倒以能成為「綜藝咖」為榮，因為當你們以為我都在節目上胡言亂語，事實上，很多時候那是經過深思熟慮、掌握節奏，才能顯得一派輕鬆。

（二）好好聊天也是種專業能力

關於聊天，大家都誤以為「只要有講到重點就好」，但對我來說，如果要將「聊天」當成專業能力的話，重點是「聽」而不是「講」。所以，與其用無冷場、Non-Stop 對話的互動方式與別人產生共鳴，不如先把傾聽做好，因為傾聽能讓你成為更好聊天的對象，而且這門特殊專業能力，還有機會「變現」！

分辨能力：

如何能夠好好地聊天？我們先從化妝造型的工作講起，說白了，我們並不是什麼多有創造力的人，也不是光靠創造力就能完成別人的夢想、幫別人圓夢，因為藝人要呈現出什麼樣子，很多時候是由唱片公司或經紀公司來決定，甚至很多時候是由廠商指定要什麼造型，而我們只

是接到指令去執行。所以為了溝通順暢，通常在這樣的造型會議裡，你要先第一時間判斷，誰才是真正能決定這件事的關鍵人物，當大家同時丟出意見時，還要能分辨出輕重緩急及先後順序，在整合所有人的想法之後，才能做出讓藝人最舒服自在的造型，過程中要能順利，就來自認真傾聽，因此「培養分辨能力」是件很重要的事。

組織能力：

提醒大家，通常跟客戶執行會議時，你反而不能只聽最上頭主管的需求，因為某種程度上，主管永遠都那最不食人間煙火的人（笑），所以這時要認真傾聽的，是基層第一線執行人員的想法，整合完他們的想法後，再用自己的專業能力對主管提出有效建議。因為往往我們提供給主管的意見，強度會比基層員工提出的更高，你等於也是在幫他們發聲。

共感能力：

在節目錄影時，最好能與同場來賓培養出一定的默契，但當下的時間真的非常短，所以我的做法是，前一天我會先確認好當天的來賓有誰，然後再去對方的社群平台上，看看他們最近分享了些什麼，營造出平常都有在關注的親切感，馬上就能聊上幾句。另外，對於相對不熟的人，我也會先認真傾聽對方的分享，同時再由他講的故事去延伸我的話題，成為藝人與主持人間的橋樑，我的角色是這樣。而我要講的重點就是「創造共感」，與同場來賓營造出感同身受的共感，才能在對方的故事裡一同感動觀眾。

有了這三種能力後，你一定能成為很好聊天的對象，不需花力氣，別人也很願意跟你聊天，一方面現代人不喜歡被批評指教，也沒有人喜歡聽對方一直講自己的豐功偉業，所以擁有這些能力，就能站在對方的立場、或在同樣的話題上有共鳴，有共鳴就能產生更多互動，對很多人來說聊天沒什麼，但聊天是真的需要訓練的～你曾好好檢視自己是不是一位會聊天的對象嗎？

（三）不知足 VS. 知足常樂

我曾公開過自己「憂鬱症」的經歷，二十幾歲時因感情及對未來的迷惘，被醫師診斷出患重度憂鬱症及恐慌症，前後持續就醫三年的時間，才慢慢地找出與自己平衡相處的方式；三十幾歲時因家裡遭逢巨變，憂鬱症再次發作，但因為當下沒機會消化，只能勉強地武裝自己繼續往前走，所以不瞞大家說，有將近五～六年的時間，我根本不知道自己在幹嘛，像行屍走肉，然後四十幾歲還面臨中年危機，當時最大的問題是——「我覺得自己不會再更好了」，別人看起來都風風火火，但我真的就覺得自己不會再更好，已經來到瓶頸了！離開前經紀公司時還撂下一句話：「我已經看到我事業的棺材了……」我半隻腳都已經踏進去了，所以我只剩半隻腳……，所以我不會再有新的可能了！

然後更嚴重的是，工作上，我一直都是駕輕就熟，不需花太多力氣就能做得很好，當別人跟我說：「明川老師你好厲害喔！」時，我都會覺得別人是在笑我，「做得好不是應該的嗎？所以你是在笑我嗎？」掌聲對我來說也只是覺得刺耳，我一定是被他們識破了！他們就是知道我什麼都會，所以知道我什麼都沒準備，明明都知道，還故意說我做得很好是怎樣？所以當時就是在這樣的狀態下，我做什麼都沒有成就感，工作、生活全都一團亂，大家看我一直買房換房，是因為那個階段的我一直無法安定下來，只能靠一直搬家、忙東忙西，裝出很有事做的樣子，但其實是因為我沒事可做！

就是在那階段，我試著挑戰自我，跨界出國學習花藝，因為我想嘗試看看完全陌生、甚至是不感興趣的事，重新燃起對自己及生活事業的熱情。之後我不但開了花藝工作室「曉・花事」，變身花藝李先生，還出了療癒系花藝書，更與遠東飯店合作聯名下午茶，後來推出聯名保養品也都賣光光，甚至還做了好幾場 VIP 花藝教學活動，一切看起來都順利開展。怎料，就在上節目宣傳新書及花藝時，因為天王級主持人的一句「不知足」，又把我給打回原形，憂鬱症復發了……。其

實憂鬱症的症頭就是會不停地否定自己、怪罪自己，認為一切失敗都是自己的錯，這件事應證了我果然正處在中年危機當中！其實我還滿感謝吳宗憲，因為中年危機幫我應證了所有事情。換個角度說，在當頭棒喝的當下，我才發現自己擁有許多，開啟我認真斜槓，想做什麼就做什麼的一大動力！

（四）生活是自己的

我是個公私分明的人，工作時全力以赴、配合度百分百，要我在節目上扮醜被整都 OK，但在生活中我就是個不願妥協的人，例如我需要住得比較遠、住在不方便的地方，原因很單純，我需要上班下班的過程，我需要利用開車的這段時間，把工作的情緒丟掉，那是一個很重要的「開關」。另外，也因為住在不方便的地方，才能讓我持續維持各種生活能力，譬如近年來我選擇的住家附近都沒有便利商店，所以連想買個吃的喝的都必需開車，因為這樣，才有「我可以」的感覺，對一般人來說只要下樓就能做到的日常瑣事，我都得「專程」前往，對我來說，這也是一種儀式感的培養。其實對這種感覺的渴望都是有脈絡可循的，而且如果住得太方便、我會不知不覺變得很廢，「生活」對像我這種早早投入職場的人來說，反而是需要練習的。

現在大家都會在社群平台分享生活的點點滴滴，但我就是沒辦法，因為在這樣高壓工作下的我，私底下希望能維持生活品質，不讓生活也變成了工作的一部份，所以出門旅遊，不像大家會發一堆個人美照，我通常都是發風景照或是去看展覽的照片，我甚至很佩服可以整個旅程都在拍影片的人（當然專業 YTR 又是另一回事），我每次都在想，日常生活中還能一直找素材拍東西的人真的好強，但對我來說休假就是休假，對應這點還有件很有趣的事，工作以外的我是不打扮的，但這樣的我對於粉絲要求拍照一律來者不拒，不過上班時的我可就不行囉！我會在意現場的光線好不好、拍照角度好不好，反而都跟別人不一樣，因為素顏的我就已經是素顏啦，所以拍照不上相也是正常，但上班就要有上班的樣子，呈現出的畫面要夠完美才專業，對於這種「公私分明」的偏執，是我建立生活品質的關鍵。

我在社群上常常 hashtag「生活是自己的」。

我堅持以自己最想要的狀態、最有安全感的方式生活

但上班時的我就是大家的～（笑）。

一支手機就能掌握全世界

（一）最神秘的三個單字—— KPI

常聽人家說「你們第一季要設定多少 KPI ？」

但什麼是「KPI」？ KPI 是用「多少」來衡量的嗎？ Key Performance Indicators 簡稱為 KPI，中文為「關鍵績效指標」，是用來評估一定時間內的量化績效標準。如果你擁有個人品牌，你是自媒體，那麼你就得幫自己設定 KPI 作為努力的目標。

一開始先從最基本的 Po 文數量來制定，也就是量化創作篇數，接著是創作內容，你想賣什麼樣的商品、想吸引什麼樣的受眾，再來就是期望獲得什麼樣的反饋及成果，例如按讚數及點擊率等等。最後，分析後台 TA 屬性是否如同你原本的設定，品牌績效就是你設定的最終結果。

至於為何要先搞懂這件事？這幾年我常常在不同場合分享自己的職涯經驗，其中最常被我拿來當成重要議題就是——「個人就是品牌」。過往我們都以為創立品牌，必須要有實體商品或個人體驗服務，才能叫做品牌，但現今每個人都代表「自己」這個品牌，如果把日常生活轉換成行銷角度切入，光是「自我介紹」就是門學問，當你搞清楚個人品牌化的重要性，你就會知道什麼工作性質適合自己、什麼妝髮造型才能為自己加分，甚或建立人際關係也變得更加容易。

雖然把所有事情「量化」感覺很現實，但如果能透過數據化去判斷每件事的輕重緩急，一天二十四小時都能更有效率，這樣生活也可以更有品質，何樂而不為？

（二）管它什麼世代，現在是分眾世代

我常在節目上開玩笑說「我是從上個世紀來的人」，確實經歷過 X、Y、Z 世代的我，以前就經常在工作時觀察百貨公司的消費者形態，後來參與電視購物推薦，才知道原來逢週四晚上是線上購物的黃金時段，另外從不同網路購物的介面，也不難發現每個網站主打的消費族群是誰，甚或不同商圈發展出來的商業模式，也是我一直在關注的社會現象。

但現在一支手機就等於全世界，任何事情都能在你的掌心中輕鬆地呈現，於是所有商業行為都處在「以為找到了自己的客戶」，卻又搞不

清楚這些客戶到底是誰的窘態。無庸置疑，現在是所謂的「分眾世代」，但這並不代表你只有一種受眾，反而是在分眾市場裡，要試著找出你的個人特色，還有當你面對各種不一樣的族群，要牢牢記住一件事——是消費者選擇我們，不是我選擇他們。

翻開社群後台，顯然我的 TA 是以女性為主，這也是其來有自，因為我是從美妝保養起家的，在那個幾乎大家都不化妝的年代，我就已經在節目上告訴大家怎麼保養、如何穿搭，女性自然成為我 TA 的基礎。但隨著工作年資的累積，小女孩們也都長大了，所以現在粗略地來看，那些 TA 們都變成了中高齡，也就是消費族群的中堅份子，穩固這群有消費能力的人，是我跟用戶溝通的主旋律，於是我的發文不用刻意跟上潮流用語，反而必須緊跟社會脈動的議題，因為要讓這群人看得懂也能感受得到，哪怕是柴米油鹽醬醋茶的新知，都能在我的社群裡發酵。

另外，為何我很少在我的社群做「教學」？那是因為這群儼然已有某種社會地位的朋友，在他們各自的現實生活中，已經是別人求問的對象，他們有一定的知識水平、有相當程度的社會歷練，於是美妝保養生活類別，我只需要提供「這是什麼」、「哪裡買」相關資訊即可，其它的就不用我多說，因為他們有可能都比我還懂。不過，我也曾經為了測試網路數據的差異，在不同日期及時間反覆上傳同一張照片，有些人會很介意自己版面出現重複的素材，但對於現在的「大數據」來說，「有效素材」比「全新素材」來得重要。

既然講到分眾市場，我還有一群很特別的受眾，他們大多介於三十到四十五歲，通常是已婚男性，他們是一群關心時尚或在意外表的人們，同時我也歸類他們是「神隊友」系列，因為他們往往是從另一半延伸過來的受眾，平常可能會陪著另一半逛街、一起看節目，有的人是不知道買什麼給另一半而找上我，有的人是為了跟另一半有共同話題找上我。總之，這群我們暫時可以分析他們為消費族群的中流砥柱，對於這群人，我提供的是生活經驗分享與陪伴，而不是很表淺的外在裝扮，況且這群人最棒的是很有品牌忠誠度，當他認定你、你就是他們的唯一，這點當我在做品牌造型講座時特別有感，當然我也告訴自己，務必要維持專業客觀的服務精神，要站在對方的角度來看待消費行為。

「擁抱世代」是下個階段要面對的重點，網路上有各式各樣的人，每個人看到同一則發文感受都不一樣，千萬不能期待每個人都能善意對待，有時候所謂的「酸民留言」反而是打開我們新思維的鑰匙。面對分眾世代要有宏觀的態度才不會自亂陣腳，不要貪心地以為八歲到八十歲都能通吃，找出你的「精準用戶」才能遨遊在大數據的洪流當中。

（三）一日行情 VS. 流量密碼

數字就只是數字，不要被數字綁架！

針對 Po 文效果好或不好，往心裡去是正常的，但要懂得過目即消化掉，因為流量好，是需要天時地利人合，流量不好也絕不是你不夠努力，所以我常開玩笑說「流量是個玄學」，因為你永遠不會知道這些數字打哪來。如果你是一位成熟的創作者，其實心裡也都會有基本的受眾輪廓，不妨試著從這些人裡找出幾位特定對象，成為你最精準的受眾，甚至可以用身邊的朋友成為投射者，想著如何用內容討好你這位朋友，或什麼樣的內容會是你這位朋友想看的，接著就用自己的方式，創作出能與你這位朋友溝通的圖文甚至影片，因為所有創作都需要受眾，與其大海撈針，不如先選定目標！

當然，你不會永遠只把目標鎖定在同一位朋友身上，可以輪流測試，例如今天的目標是 May，明天就換 Ken 試試看，因為每位朋友的喜好都不同，利用這方式練習看看，不但可以讓你的創作更豐富，還能讓培養出不一樣的受眾族群。當然反骨如我，有時還會刻意想「什麼樣內容會讓我的朋友反感？」因為說不定這會是意想不到的流量密碼。

如果哪天你突然出現「爆款」，請務必拿出「接受、面對、放下」的心情，你可以享受一下下這得來不易的點擊數，但開心慶祝飽餐一頓即可，因為「爆款」不會天天跟著你，但你接下來得面對「爆款」內容檢視一下，到底是無心插柳？還是精心創作？反覆地閱讀觀看，如果當下你也得到了感動，那表示真正會受歡迎的內容，正來自於你對這件事情的喜好，於是之後就可以持續「用愛發電」，持續創作，但千萬不要沉迷於「流量」，因為類似的創作不一定會再有同樣的回響。所以懂得「放下」的意思就是說，很多時候這就叫做「一日行情」，當我們在經營自媒體時，最忌諱就是停留在「高光時刻」，因為自媒體的生產線是很長的，我們應該要學會如何維持生產線的流暢，這樣才能真正累積更多的流量密碼！

（四）到底社群小編在忙什麼

你們覺得呢？社群小編都在忙什麼？設計各種不同的哏圖、滑 Threads 搜尋熱門話題、回覆網友留言，甚至還要自拍 OOTD，但事實上，真正的社群小編必需非常了解公司文化，因為他的每一字每一句都代表著品牌。另外，社群小編得忙著每天在網路上搜尋各種能夠創造 KPI 的內容，像這樣持續不停地複製、產出，對很多人來說，也許是一個很輕鬆的工作，但事實上要能夠抓住品牌 TA 的喜好，是非常不容易的，像是堪稱「品牌社群行銷教學」的全聯小編，他們用各種創意貼文包裝店內促銷資訊，再利用各種諧音哏創造出聲量，在重要節日或是重大議題，以出巡方式去各個品牌社群串連，這些成功案例都帶給社群經營很大的衝擊，尤其是當品牌建立到某個程度，勢必會面臨線上線

下整合的問題，如何從線上導流到線下、或是線下消費模式可以複製到線上，小編的工作，不再只是經營「公告欄」而已。

現在很多年輕人的夢幻工作除了當 KOL 或 YouTuber，再來就是當社群小編，所以，如果想當個稱職的社群小編，首先一定要先擁有好奇心及幽默感，除了多觀察身邊的人事物，還要得懂得如何將同一件事情以不同角度來剖析。再來就是文字能力，要多閱讀，甚至刻意拿起紙筆來練習寫字，還要對圖片擁有超群美感，多下載幾個修圖軟體，美化並提升照片質感，這些可都是最基本的。所以，如果想當社群小編、或你自己就是小編，這三大功能必須一直不停地強化。

真的搞懂你的金主爸媽嗎？

（一）客戶想的永遠跟你不一樣

在我們的工作專業裡，「完成客戶需求」是基本，但執行過程可能會誤判客戶需求，導致成果不如預期，這是因為有些人過度解讀了，反而做太多，讓自己感覺吃了虧，但在我看來，客戶永遠是對的，因為不管客戶提出多少需求，都代表著他想得到如何的成效。所以，通常我在跟客戶溝通時，都會以退為進，為什麼呢？因為這樣才能真正地讓對方說出內心想要的，譬如說每次在工作前置會議上，我都會提問「這次主力銷售商品是什麼？次要銷售商品是什麼？」接著我會用專業能力及經驗來分析各樣商品的優缺點，同時間其實就大概能判斷客戶面對自身商品避重就輕的點在哪裡，所以當我在介紹的時候，才能更完整地呈現產品的賣點。

如何在客戶「需要、想要、都要」的壓力下全身而退？就是你要明白地告訴對方「我『不要』什麼」，因為客戶常會以一種「花錢就是老大」的心態看待合作方，有些客戶還會在工作需求裡無限上綱，造成個人接案的困擾，因為做超過工作範圍，會覺得被吃豆腐，但斷然拒絕又太不給面子，於是很多人就因為不知道該怎麼辦，而做了許多超出預期的事情。通常我遇到這種情況，都會先完整聽完客戶需求，接著用重複話語再次確認，因為有時候當你再重複一次時，客戶會立刻自覺理虧說出「要拜託你幫忙一下。」、「就順便做一下。」、「這應該沒什麼吧！」這類鬼話，等於逼客戶現出原形，當客戶自知站不住腳，你立足的位置就會高於對方，自然能以比較公平的態度，一起討論本來不在預期的工作內容，如此一來，要推掉也比較不失禮。

勇敢地說出「我不要」，需要多大的決心與勇氣？這決心來自要讓彼此在合理範圍內得到最舒服的對待。通常我對客戶都是以禮相待，所以就算我要拒絕請求時也一定是誠心謹慎，所謂「伸手不打笑臉人」，先解決事情再解決心情，這才是安全下莊的要訣，但這樣的勇氣從何而來？來自於你對「自我底氣」的累積，不要一味擔心拒絕的「後果」，而是要勇敢地面對最終的結果。你們應該也聽過「不要，最大」吧！這時刻的「不要」，有時反而還能為未來種下更長遠合作的基礎，因為跟客戶良好的溝通來自「界線」，當你能夠說出「我不要」，對方也才能真正地理解那把尺。

（二）有效溝通才能累積財富

就像我常常在說的，「溝通」是把彼此想法提出並交叉比對得到的結果，而不是互相較勁誰能夠成功說服對方，所以在職場上，你必需先了解不同個體的不同性格，「尊重異己」是非常重要的，畢竟每個人的養成教育不同，尤其現在是手機時代，很多溝通都是透過手機的冰冷文字，如果因這些文字產生誤會，對我來說還真得不償失。提到文字溝通，建議每個人都得學會對文字「無感」，你看到的每一個字都是毫無任何意義的，這些字就只是個單純傳達對方需求的工具而已，雖然偶爾在文字溝通裡加上語助詞非常做作，但殊不知，往往最良好的溝通橋樑，就是這些做作的「啊」、「嘍」、「呦」、「呀」。另外提醒大家，千萬不要依賴貼圖回覆，你以為可愛的貼圖回覆，有時在職場上會變成敷衍以對，我們永遠無法得知手機另一頭的人是怎麼想，而且你跟客戶之間的關係，有熟到能直接用貼圖回覆嗎？這都是大家從沒想過的問題，所以當我們已經沒辦法面對面用聲音及表情跟對方交流時，就更不要指望冷冰冰的文字及不合時宜的貼圖能代替你溝通，但如果在群組中使用貼圖就很 OK ！因為這代表對以上「多人傳送的訊息」，表示你「了解、OK、收到、已讀取」，但面對個人，則要有更完整的情緒表達。以上靈活運用之後，就算是大寫 I 人，也能偽裝成大寫 E 人。

（三）教你如何累積回流客群

我們常看到行銷專家強調「口碑行銷」的重要性，連網路上各種分享行銷 Know How 的影片，第一個階段也都先由口碑行銷切入，意思是我們得在每一個工作表現中，留下被稱讚肯定的部分，讓其他人自動地幫我們廣為宣傳，這就跟網紅 KOL 們接業配時一樣，我們也需要被口碑行銷，因為我們就是商品，但大前提是，在成為能夠被口碑行銷的商品前，要先找到自己的銷售重點，這就跟我們常在講的「人設」有關。例如李明川曾經是國民造型師，現在多了個學校造型與設計系副教授身份後，還有了「時尚教授」的新頭銜，而且加入類似公部門工作後，多了拉攏廠商與公益單位合作的機會，包括政府標案之類。另外，我的親和力及接地氣形象，也是建立在工作內容包含了各種價位的商品，加上花藝及後疫情時期推出的「川川廚藝教室」，讓我的人設是百貨公司，讓「李明川」等同於「生活美學家」。

有了口碑，自然就會有不一樣的客戶來找你，一個介紹一個，但此時我還得知道「這介紹人是誰？」我非常重視每個工作的介紹者，會花些時間去了解一下「是誰轉換了跑道仍非我莫屬？」（笑），因為我得提供更多的服務才行，至少也要是一樣等級的服務，才不會厚此薄彼，這就是所謂的「公平交易」邏輯，先清楚介紹人後，並提出同等或超越的套餐，當然大前提是，就算針對不同業別會有所調整，但原則是精彩程度一樣。接下來針對這位新客戶，我會用量身訂做的概念來執行，因為面對全新合作的客戶時，我都必需讓他有「別於以往」的合作模式，因為我本身對行銷也很有興趣，所以行銷端或業務端等不同面向發展的工作，我都很有興趣，也很樂於花時間規畫。

不同通路要以不同語言來行銷是最基本，例如精品客戶除了要知道趨勢，更著重品牌歷史及材質細緻度，一般品牌則可能著重於實用。以服裝品牌來說，一般品牌會呈現更多的搭配講解，例如同一件單品可以有幾種穿法；如果是休閒運動品牌，除了機能性，還要幫客戶營造出不同場景的穿搭想像，同理如果是彩妝保養品牌，就要懂得幫商品分類，除了膚質的不同之外，還要著重在消費者需求，譬如我曾經為某美系品牌做彩妝活動，當時品牌主推三款不同色系腮紅，未料市場反應不佳，因為一般來說，腮紅分類都是以適合哪種膚色來區分，但當我發現，該牌的腮紅畫在東方人臉上，膚色並無顯著差別，我當下便直接地幫腮紅分類為「公主系」（玫瑰色）、「少女系」（粉紅色）及「女王系」（橘紅色），將大家對色系的既定印象打破，改為對妝容造型的想像。沒想到，被我這麼一改，現場反應極佳，連平常最難賣的橘紅色，都搶手到需要先預訂才買得到，

如果像這樣做出自己的口碑，至少能讓回流客佔比超過一半以上，一旦有了基本回流客群，他們就會是你最好的下線。套個直銷的說法，這些下線就算去了別的品牌或跨足其它產業都仍會幫你橫向發展出更多合作機會，所謂「食好鬥相報」！但最後不免俗提醒大家，**跟客戶可以是「盟友」，但不一定要是「摯友」，畢竟客戶永遠都是客戶。**

（四）不花錢的圖文投放小技巧

大家分享的各種社群經營方式，其實只要參考就好，因為每則個案都不一樣。例如大家都說「你要三不五時回頭看看受眾的分類年齡層」之類的，但我覺得這些都不是最重要的，只能當作參考資訊，最重要的是，要看固定留言的是哪些人，因為他們才是真正黏著度高的粉絲。因為社群最早的目的，就是用來發展人與人之間的關係，只是現在變為商業工具，但如果回到原點，不管怎麼發展、怎麼改變，不管那些演算法是怎麼算出來的，基礎邏輯還是人與人之間的互動，也就是回到用戶與用戶之間的關係。

因此我們更需要了解在社群影響相互強弱的結構是什麼。我們得回頭確認所有發文，看哪則發文的內容及照片反應最熱烈，而這些真正互動、反應熱烈的粉絲，正是社群最需要經營的部分，接著給自己三個月的週期，不停地觀察、操作、轉換，三個月後，一定要再換另一個模式，例如改變發文的視角，接著就再觀察三個月，但這期間如果你發現 ABC 模式最好，也不能一直用 ABC 來操作，還是得換新的模組測試，兩週後再看看成效如何，如果反應不如預期，再改回來也不遲。

現在是大數據的年代，受眾都被推播一樣的內容、得到類似的資訊，表示當下是有很多人在跟你競爭的，如果沒辦法比別人精彩又吸睛，馬上就會被比下去！但社群自媒體很多元，所以不用擔心自己沒流量。沒有開始，永遠不會知道，最重要的是得持之以恆，穩定輸出內容，因為這是你與用戶溝通的一切根源！該如何提供給用戶更多的參考價值，活化社群並豐富內容，你這個「人（商品）」才會有趣，而且有趣又有參考價值的內容，就能不用花錢做投放啦！

關於我，關於愛

關於我

我很少真正談到我的家庭，因為我很小的時候常因為家庭而感到自卑。

那一年我四歲，家裡一夕之間從天堂掉到地獄，先不管到底發生什麼事，我只記得從那年開始，我度過長達十幾年不停搬家的生活，尤其在我小學中高年級階段，更是成長記憶裡的惡夢。當時家裡因為做生意的關係，爸媽必須分心在事業，雖然我排行老么，但跟同齡孩子相比卻顯得早熟，面對師長與長輩早就學會察言觀色，往往大人的一句話就能讓我繃緊神經，例如有一年準備要過年，媽媽隨口提到「今年不去親戚家拜年了」，我當下聽出弦外之音，應該就是今年家庭收入狀況不太好，果不其然，當時農曆新年家裡只剩幾百塊錢，後來被住附近的阿姨接走，才勉強過了個年。

以前放學下課都是我們姊弟自己回家搞定生活起居，於是家裡附近的雜貨店、麵店和小吃攤，就是我們覓食的選擇，剛開始鄰居發現我們都自立自強，有的店家會讓我們先賒帳，有的會自動幫我們加菜，久而久之似乎成了一種模式，反正爸媽月底就會去買單結帳。後來不知道是爸媽太忙，還是真的財務困難，有一陣子都沒去結帳，於是我回家開始會繞遠路，因為不好意思再經過鄰居的店，寧可回家餓肚子也不想在社區附近出現，儘管後來爸媽都有去把帳結清，但對我來說，就是覺得很丟臉，因為我從小到大就是一個倔強又愛面子的人。

說到「倔強愛面子」還有個小故事，我小學就讀台北市的西門國小，學校隔壁就是國賓戲院，以前戲院門口有一攤很有名的烤雞腿，放學經過都會被陣陣烤肉香味襲擊，每當同學拿出零用錢買雞腿吃，問我「怎麼不一起買？」我都板著臉回答：「我不要買，因為我不愛吃雞腿！」但實情是，我的零用錢根本不夠買雞腿，所以只好硬著頭皮說我不愛吃。講著講著，到現在我還是不太愛吃雞腿，所謂心理影響生理，或許在我內心深處，「雞腿」就像個魔咒，那個凡事總是自愧不如的心態。

到了國高中又是另一個開始，明明家裡環境不太好，諷刺的是，我都唸私立學校，爸媽或許是望子成龍，也可能期待可以翻轉我的未來，但當時我完全無法諒解他們為何把我送到私立學校，因為身邊的同學要不家裡有錢、要不就是名門之後，我因此常常顯得格格不入。為了不被別人看透一切，我開始偽裝自己，變得驕縱自傲、蠻橫霸道，但說也奇怪，那個階段的我反而人緣特別好，每個同學都把我捧在手心，任由我耍賴，害我以為就是要這樣才像「有錢人」，難怪同學都把我當「自己人」，現在回想也是滿好笑的，到底當時是哪來的自信，覺得自己可以「演王子」演到分不清楚現實，還真以為全世界都只能繞著自己旋轉，任何沒有順著我的人，都被我惡狠狠地踢除我的生活。

雖然我常笑談自己的成長，但或許我沒有真正跟當時的自己「和解」。

大學念戲劇系是我唯一的選擇，除了從小因為長得白白淨淨，被誇獎「長大要當明星」，但現實情況是，因為我的高中學業成績並不理想，加考術科才是一舉上大學的捷徑，畢竟家裡的經濟條件並不允許我重考。也因為經濟條件使然，當時有長輩為鼓勵我努力準備考試，提出「只要你考上大學就會幫忙負擔大學學費」，沒想到後來當我興高采烈地拿著註冊單跟長輩討論後續，對方一句：「戲劇系又不算，要念文法商才是。」從沒想到會是這個結果的我，當下有受騙又受辱的感

覺，回家跟爸媽討論後，決議暫時不去註冊。所幸外婆得知此事，立刻出手資助，入學後辦了助學貸款才開始我的大學生活，同時也開啟我半工半讀的日子，因為一切都要靠自己。

大一還沒出道做造型師，我在美式餐廳打工，只要有時間就去上班，任何同事要請假調班都找我，有好幾個月的上班總時數比正職員工還多，我很感謝當時的餐廳主管 Charline，只有她知道我需要自己賺學費跟生活費，不但幫我排比較多的時數，大二升大三開始兼差做化妝造型，有時候因通告 Delay 趕不及回去上班，她還會打我的卡幫我代班，讓我不但無後顧之憂有時薪可領，廚房的阿姨甚至為了幫我省餐費，經常多做飯菜讓我下班外帶，就連我沒排班的時候，也會找藉口打電話要我回去吃員工餐，不然就要同事騎車送餐給我。那幾年的餐廳休息室是我覺得最像「家」的地方，因為每個人都把我照顧得好好的。

而我真正的家呢？從我上大學到差不多三十五歲，有十幾年與家人的關係並不好，除了因為我要努力前進讓自己活下來，當時迷信去算命，好幾位命理老師都說家人會拖累我，要我跟他們保持距離，加上那幾年家裡的事業每況愈下，一天到晚吵吵鬧鬧，氣氛很不好，每次回家都讓我更想逃離，甚至連別人問起我的家庭，我都不想多聊，因為跟我不熟的人，都被我從小立下的「有錢富二代」人設給蒙在鼓裡，我可不想維持了這麼多年的形象，在「人生上升期」毀於一旦。當時我幾乎對家人不聞不問，唯一能做的就是「付錢」，因為我認定家裡什麼都不缺，只缺錢，能付錢解決的事都不算是一件事，那時候的我常常心理不平衡，我怨恨自己明明是老么，怎麼都沒有享受到被家人疼愛呵護的感覺？為何家裡所有事都要我來扛？為何家人出包，財務一切歸零的卻是我？所以我寧願在工作時討好別人的爸爸媽媽，卻不願花時間關心自己的爸媽，因為我不想面對那個讓我失望的家。

直到有一天，我發現我哥還在念幼兒園的孩子會在班上推銷自家攤販，還會自己主動去菜市場幫忙叫賣，想當初我都不敢讓別人知道我哥在菜市場賣魚，總覺得跟我的「時尚形象」差距太大，但連這麼小的小孩都知道為家庭付出，我卻忙著嫌棄他們，當下真的很衝擊，因為我打從心裡不希望下一代跟我們經歷一樣的窮困生活，如果我有能力在有限範圍內給予支援，這個家才會完整。我從對於下一代的愛往上蔓延，慢慢地看懂了我爸的固執，慢慢地理解我媽的需求，慢慢學會如

何與哥哥姊姊相處及溝通，透過下一代的視角讓我開始放下成見，開始欣賞那個不太完美的家庭關係。每週一次的家庭聚餐，讓我們一家人有更多時間理解彼此，我們的家庭聚餐是完全放下手機，好好吃飯、好好聊天、好好珍惜這段時光，現在的我活得比以往更自在，因為我知道不管發生任何事情，好的壞的，家人都會用各自的方式接住我。

二十歲的我武裝自己，以爲只要建立安全感就可以爲所欲爲。
三十歲的我封閉自己，塞滿工作讓生活充滿挑戰卻麻木不已。
四十歲的我放飛自己，依靠對人事物的熟悉讓自己順其自然。
五十歲的我尊重自己，練習跟自己相處並坦然面對所有一切。

我一直認為自己是個幸運的人，儘管我常擔心某天早上起床，好運就消失了。或許到時消失的不是好運，而是放下對於好運的依賴，腳踏實地過好每一天。

關於愛

現在的我慢慢學會如何分配自己的愛，雖然「愛」不應該被量化等分。

但像我這世代的人，對於愛情通常都是邊走邊看，不是因為心猿意馬，而是因為一路上根本沒人教我們如何去愛，更別說如何被愛。我們都是一路跌跌撞撞，才看見自己在愛情裡的模樣，然而，愛情必須是雙向的流動，有來有往、有付出有接收才叫愛情，每個人回頭檢視自己的愛情履歷，有些人不但不及格，甚至連重修的機會都沒有，因為很多人從一開始就誤會了愛情，包括我。

「愛情學分不可能高分通過，唯有被死當過才懂得珍惜。」

性格早熟的我，在十幾歲青春期就已經情竇初開，只是當時分不清楚「喜歡」跟「愛」的差別，所以只要遇到有好感的對象，就以為那是真愛，當同學都在為了考試努力唸書，我卻忙著談戀愛、當然也忙著失戀。為什麼特別提到失戀？因為當時的我只要一失戀就天崩地裂，茶不思飯不想，但通常也不會傷心難過太久，因為下一個目標對象很快就出現，對我來說，當時的戀愛就像是生活日常，更有一種因為我有談戀愛，所以好像比同學們成熟一點，不再是「小孩子」的感覺，所以那個年紀的我，把愛情拿來當作「證明自己」的工具。

「愛情裡面不能只有自己，自私的愛不叫愛，那叫佔有。」

二十幾歲工作一帆風順，「成名早」在別人眼中，像是為我戴上隱形光環，但對我來說是個隱形枷鎖，因為那個階段的我戀愛談得並不順利，尤其身邊能認識的對象，大多是工作夥伴或圈內人，記得第一次與年紀小我很多的對象交往，對方是髮型助理，上班時間不定、工作忙起來常常有一餐沒一餐，而那家髮廊是我長期合作的店家，於是當時我常常遙控髮廊的櫃檯小姐幫他買吃的。當時我自認很窩心的舉動，卻使得對方被同事私底下說他「有特權」，又或者當時小朋友愛玩愛熱鬧，週末跟朋友去夜店玩，我會自以為貼心地開車接送，有時還直接把車停在外面等，自以為這樣既不干涉對方社交生活，又能讓他安心無慮地玩到瘋，甚至後來為了想讓他生活輕鬆一點，叫他辭掉髮型助理工作，到我身邊當助理。有幾次現場工作太忙，我擔心他太累，直接讓他先回家休息，對當時的我來說，照顧另一半的方法就是讓對方可以有「好生活」，直到某天，對方為了一件生活瑣事跟我大吵一架，還說：「你這樣讓我壓力很大，吃什麼是你決定、喝什麼是你決定，就連我想怎麼出門都被你安排好，我就是你設定好模式的機器人，我覺得這不是戀愛，這是控制！」當頭棒喝之下，讓我發現自己只是把愛情變成「自我逃避」的管道，因為好像只要有個人順著節奏走，就不會讓忙於工作的自己出現失序狀態，而我，只是找個對象投射對愛情的想像。

「愛不只拿來做，還要拿來用心感受，懂得愛人才能被愛。」

後來隨著年齡漸長，慢慢地看懂愛情，「相愛容易相處難」的道理很好理解，但我跟大家不一樣的是「相處容易相愛難」。因為工作屬性，早就訓練自己可以瞬間變頻成「人人好」的路線，節目上也都給人溫暖親和的形象，每次和別人約會，我都是比較主動的一方，但那只是被現實社會培養成這樣的我，私底下的我並不活潑、話也少，更是一個不喜歡出風頭的人，對應到談戀愛，就會讓對方覺得「跟想像中不一樣」，通常約沒幾次就不了了之，等遇到下一個約會對象，又開始惡性循環，所以我三十幾歲時的約會量很大，卻沒留下什麼深刻的回憶。

直到其中一個對象出現，我們先當了一年多的網友，見面前仍不確定對方長什麼樣子，畢竟網路照片都是精挑細選，沒想到後來我們一見如故，很快就發展成情侶關係。我感念的是，他理解我的生活重心放在工作，於是各方面都配合我的需求與喜好，當時真的覺得自己好幸福，原來被放在心上的感覺是這樣，交往期間一切都很好，我幾乎把他當成結婚對象看待，不過最後王子跟公主並沒有走在一起，他對於我身處充滿誘惑的可能無法釋懷，幾次溝通不良就理性分手。

但後來想想，我在這段感情「過分依賴」，依賴對方為我犧牲奉獻，依賴對方給我的情緒價值，彼此的「施」與「受」全然失衡。原來，愛情裡的輕重緩急比什麼都要重要，我也是到這個人生階段才參透箇中道理，但多年後仔細回想，原來我一直本末倒置，因為我看過身邊太多因為相處問題而分手的案例，於是我全心在經營「相處之道」，卻忽略「相愛」才是維繫關係的基礎，一開始的激情不叫愛情，那只是延續關係的催化劑，重點是我要學會敞開心胸去愛別人，這樣才能成為真正幸福被愛的人。

「愛當然可以被量化，隨時調整比例，做一個情緒穩定的大人。」

現在的我很少為情所困，除了因為年紀關係，懂得愛人才是關鍵，單身時享受約會的樂趣，每次約會都能成為生活的滋潤，不期不待才不會患得患失，每個人都是完美個體，每個人有自己的脾氣跟情緒，透過相處去了解對方，可以面面俱到但絕不委曲求全。如果把愛分成幾

等分，我留給自己一半，另一半留給對方，但這個對方包含各種面向，譬如說對方有養寵物，就要分一點給他的寵物，如果對方家庭關係好、那當然要分一點給對方的家庭，因為我認為家庭和樂才能讓愛情走得長久；如果對方事業心很強，我也會把愛分給他的事業，因為支持不能光靠嘴巴說說，我不希望對方因為愛情耽誤自己喜歡做的事，於是被量化的愛，反而擁有更多的包容。

人生走到這個階段，「伴」是一人一半，愛情也是，把自己這一半準備好，才能給對方完整純粹的另一半，愛自己不是大吃大喝花錢買東西、也不是到處旅遊玩耍而已，真正能夠付出的愛是充滿力量的，把自己照顧好才有能力照顧別人，至少我現在是這樣想。

我的娛樂經驗法則

勇敢表達企圖心跟野心也沒關係

說到台灣最強 KOL，你會想到誰？現今有誰足以代表台灣時尚文化？

自媒體時代的影響力早就不可同日而語，像我這種從傳統媒體起家的人，雖然不至於被消失，但面臨可能快被淘汰的邊緣。我常抱著「隔行如隔山」的視角，觀察在網路上叱吒風雲的人物，其中最讓我感興趣的人就是——莫莉 Molly。

早年從《大學生了沒》節目出道，人稱「拼命三娘」的莫莉 Molly，雖然當時也累積不少人氣，但轉型藝人似乎沒受到什麼矚目，從女團到出書，反應都平平，但莫莉 Molly 仍努力地經營自己，在自媒體還不算太發達的年代，她

早就搶先一步全心投入。如果不了解她私底下做過多少努力的人，一定會以為她就是誤打誤撞、勇闖時尚圈的幸運傻大姐，但事實上，目前 IG 擁有八十萬以上追蹤人數的莫莉 Molly，剛開始靠著「不怕尷尬」、「不怕語言隔閡」和「把批評當能量」，只為了拿到一張國際時裝周秀票。她第一次去紐約時裝周拍的 Vlog 影片裡滿

滿的創意能量，至今還讓我印象深刻，如今她已經是各大時裝品牌爭相合作的重量級 KOL，而且不只國際大秀，有誰不喜歡看她有關迪士尼樂園的各種開箱？之前萬聖節的扮裝影片，不但受到各大網路媒體青睞報導，更成功地把潘若迪老師扮成席琳狄翁成為另類 IP，這些是我們以前從沒想過的無限可能。

話又說回來～到底為什麼我們都愛莫莉 Molly ？因為當我們以為 KOL 只要拍拍美照、分享個人喜好，偶爾再開團賣賣東西，但莫莉 Molly 一再讓我們看到自媒體的新高度。她率領團隊前往四大國際時裝周，行程緊湊到會爆肝，還為了替品牌找到最適合的取景地，天沒亮就跑

到森林拍攝晨霧，太陽下山前得追拍夕陽，有時還要在雪地裡穿上露背洋裝，拍攝完繼續趕品牌秀場，她那麼拼，只為了團隊及自己的作品能在國際上「被看見」！從一開始的機票、飯店全部自費，後來有 THE BODY SHOP、Bobbi Brown、Jo Malone 及 H&M 各大國際品牌的代言或聯名，再到現在很多品牌，都巴不得她能夠出席發表會，以上這些過程都是莫莉 Molly 一開始就設定好目標，接著憑藉自己的野心與實力，不但認真經營好眼前的自己，再一步步堅持往前！

儘管莫莉 Molly 現在已經是台灣最強 KOL 但仍很做自己，想必是因為她不忘初心，以她為例代表個人的經營模式及觸角延伸，的確能發揮出不小的影響力，觀察莫莉 Molly 的女性粉絲佔了大多數，因為就算覺得她「太浮誇」或「憑什麼」的人也都想要變成她，所謂「莫莉同款」可是現在潮流代表呀～

你有想過當你想成為「你想成為的人」，該如何堅持自己的明確目標？

「野心」兩個字聽起來好像不太友善，但野心可大可小也有好有壞，全靠每個人的自由心證。如果當你回過頭來，看著自己曾努力走過的每一步，就算路途中少不了各種批評指教，但這些往往最後都會是成功滋味的甘甜養分。

有些事要嘛就不做，要做就要做到最強大，「莫莉 Molly」曾經鼓舞了很多還在徬徨無助的人，只是她可能沒想到，其中一個會是我。

不要用耳朵去認識一個人，因為「聽說」很傷人

業內常有各種傳言，譬如某某某怎樣、誰誰誰又怎樣，然後最常聽到的就是——「聽說」那個誰很難搞。從業生涯三十年，對於「聽說」跟「難搞」幾乎免疫的我，其實很少受到影響，頂多當下禮貌性地笑一笑，打個圓場回應對方，因為對我來說，在這行業（應該是各行各業）千萬不可以只用「耳朵」去認識一個人，因為藝人之所以異於常人，就是他們有自己的喜好與堅持，甚或後來才發現，很多時候他們是被身邊工作人員不小心形塑出難以親近的「難搞」形象。

從「購物天后」轉型為「麻辣天后」暴紅，後來因為身體因素休息了一段時間，直到近年才風風火火地復出，利菁一直是我身邊話題最多、媒體效應也最高的女明星。當然，隨之而來關於她的江湖傳說從來沒停過，業內人士對她的評價也各有不同，身為好友的我，私底下常常

忍不住為她發聲闢謠抱屈，如果把這個人拆解來看，舞台上的她是拼命三娘，但舞台下的她根本是個外星人。

她從不在意負面新聞，因為她說：「有新聞總比沒新聞好。」
她常被說愛炒新聞，她笑說只跟她一樣大牌的人炒新聞。
她謠傳很難相處，但她真的會為了讓節目更精彩而熬夜不睡覺。

藝人本來就異於常人，他們總是會有讓你意想不到的行為。譬如某年香港天王郭富城來台開演唱會，我早就買好票要去朝聖，演唱會的前一天突然接到利菁的電話，要我陪她一起去看演唱會，當我表達自有安排，她卻堅持非要我一定跟她同坐，甚至開口要花錢買我手上的票送給助理。隔天，我就陪她一起去演唱會，結果沒想到我根本不記得整場郭富城演唱會唱了什麼，原來她非要我一起去的原因，是要跟我耳提面命關於業內當時一些不利於我的八卦，也順便提醒我節目上需要注意的重點，大家一定很納悶為何要這麼大費周章？因為她太了解我的個性，她知道我不愛社交，如果單純地約吃飯喝咖啡，我可能會用各種理由婉拒她，她抓準我喜歡看表演，於是透過這樣的邀約通常不會有錯，於是我就這

樣被她騙了⋯⋯。但會這樣特別精心安排的，也只有利菁，因為當她認定你是朋友，她就是個細心又貼心的小甜心，我想這是大家從來都不知道的利菁，她是那種為了朋友會兩肋插刀、仗義執言的人。

再來就是我從來沒講過的故事，某幾年我疑似因故被某製作單位封殺，當她知道這件事，什麼都沒說，只是默默地在她自己的節目裡，讓我有各種發揮空間，把綜藝效果做在我身上，讓我提升不少討論度。甚至在我家裡出事急需用錢時，她不是出手借錢給我（我也不會收），而是請製作單位多發我通告，讓我度過難關，我想這才是真正朋友會做的事，而我也認定她是我圈內屈指可數的好朋友。

被定型？想轉型？藝人最不想遇到的問題

藝人很容易被定型，所以轉型不易，要不搞得公司上下人仰馬翻，甚或最後連觀眾都被弄得迷糊，每個藝人出道時很容易因為「備受討論」及「備受重視」的話題給定型，例如省話一哥或百無禁忌姐，甚至有人因為拍了三級片走紅後，要花好幾年才把衣服一件一件穿回來。雖說只要被定型就很難轉型，但我每次都在想，如果試著把演藝之路分為好幾條路徑，山不轉路轉，路不轉人轉，回到初心，把自己能做的做到最大值，或許最終開花結果，又是意想不到的驚喜。

從綜藝節目《全民最大黨》以「舉牌女郎」出道的安心亞，儘管後期不計形象地反串「心哥」一角大受歡迎而成為班底，但真正讓她暴紅的，卻是一張幾乎衣不蔽體的週刊封面照，同時也成功奠定她「性感傻大姐」形象。那段時間只要有這張貼紙在，工作多少會受到影響，例如拍攝其它平面雜誌，總會被刻意分配到布料較少的衣服（編輯表示：反正她敢穿）但對女性來說，心情難免覺得委屈，接著所拍出來的作品又是一系列性感照，在綜藝節目中傻大姊還要一直「演出」被欺負，維持著不聰明、總是發呆不懂接話的樣子，更糟的是，就算經過多次轉型，也拍了不少優秀戲劇作品，時尚精品可能還是不會用她。曾在一則專訪看到安心亞說道：「『C 字褲女王』這稱號，讓我贏得名氣卻失去尊嚴……」光這段文字就讓人好心疼。至今已經兩度入圍金鐘戲劇類獎項的安心亞，不僅挑戰語言隔閡演出越南籍新住民，再以台語演出時代劇，讓人見識到她自然不造作的演技爆發力，這麼多年來，透過戲劇作品一次又一次地證明自己，這背後肯定要花上加倍的努力，才能讓別人相信她可以，這些都不是我們外人可以想像。

2011 年安心亞加盟唱片公司當歌手，一開始業內以為她是插花過水兼洗白，沒想到 2013 年第二張專輯裡的〈呼呼〉，到現在都還是各大尾牙或跨年晚會的指定歌曲。如今的安心亞不管是戲劇或音樂，都展現出她獨特的個人特質，拍戲時挑戰各式各樣的角色，而且當我們以為她會被昔日的新聞畫面擊敗，沒想到阻力成為了助力，連續多次囊括大型演出的收視收證，儼然性感到位的歌舞表演，已經成為安心亞最吸睛也吸金的強大本事，借力使力，讓自己成功贏得更多掌聲。

另外，我發現鴨子划水如她，在所有舞台唱跳演出，幾乎都是唱現場，關於這點真的讓我由衷敬佩不已，甚至啟發了我挑戰斜槓歌手角色。因為以前我對自己開口唱歌沒什麼自信，小時候最怕與同學們一起合

唱，因為我的聲音總會特別明顯，由於我的音域介於男生與女生中間，每次開口都讓我覺得尷尬，幾年下來就變得不愛唱歌，但自從我發現安心亞的每首歌都像是為她量身打造，不但弦律輕快、歌詞朗朗上口，最厲害的是連換氣點都有精心設計，為的就是讓她可以毫不費力地完美駕馭現場演出，因此當我決定要做翻唱企劃，我就是讓每首歌都變成我自己的歌，從定 Key、配唱、再到跟編曲老師溝通風格，不能說全部親力親為，但我要確保每首歌，都能讓我像舞台上的安心亞一樣怡然自得，因為越是放鬆自在的表演才越是迷人。所以我不得不感謝安心亞給了我這麼大的勇氣，我也不知道未來還有什麼挑戰等著我，但現階段「做什麼像什麼」是我的低標，也謝謝大家一直包容我的任性。

古有明訓：君子之交淡如水

入行到現在超過三十年，我與藝人們的關係一直處於「君子之交淡如水」的狀態，一方面早年忙接通告，根本沒時間交朋友，二方面更不想因為交情影響工作狀態，畢竟我不能要求每個人都做到公私分明。直到後來上綜藝節目，才開始學習跟大家交朋友，但在我心裡稱得上是朋友的人還是屈指可數。

一直以來，我跟賈靜雯沒啥交集，她在戲劇圈、我是綜藝圈，硬要講的話，我還是先跟她的弟弟衛斯理有交集，但當年我跟她的緣份來自一場「救火行動」（在業界，我還滿常當救火隊……）。那天一早，我突然接到一通緊急電話，內容大致上是賈靜雯的彩妝師有點狀況，必須找人代班，可能剛好我住得離攝影棚近，加上本人又很「百搭」（笑）於是掛了電話立刻出門救火。前後不過才幾小時的工作時間，是我當年跟她的短暫交流，類似像這樣的工作交流，在我早年化妝造型職涯期間經常發生，畢竟我真的化過好多人、也做過好多人的造型，回想起來也是滿有成就感，那段趕場接通告的日子，絕對是我人生中最珍貴的回憶。

雖然當時偶爾跟賈靜雯會在工作上相遇，但那次卻是我唯一一次幫她化妝，也因為那次的「救火」，彼此才開始有交集，幾次遇到就互相禮貌地點個頭，直到2000年她西進發展，創下演藝事業階段性高峰，我們見面的機會就更少了……。

後來她返台發展，再度成為指標票房女星，不只滿手品牌代言，還經常擔任嘉賓出席精品活動，我還記得有一次出席精品VIP之夜，賈靜雯是品牌大使，現場想當然擠滿想一睹女神風采的民眾及媒體，女神身邊更是被好幾位黑衣工作人員團團圍住，我在遠方看了都感覺快窒息。就在我拍完該拍的活動出席照，正準備默默移動離開現場時，餘光看到有個人，突然穿過人群往我的方向走過來……「疑？是誰？那個眼神是在看我嗎？」接著走到我面前的賈靜雯一把抓住我的手說：「明川老師，好久不見！這麼久沒見，一定要過來跟你說說話！」天兒呀～這也太讓我意外了，因為明明她的演藝地位已經如日中天，甚或跟我完全沒有互動關係，居然還這麼「惜情」，這樣的小小舉動，確實讓我感動，因此也能證明賈靜雯絕對是個性情中人，有禮貌、有才氣，更懂得做人處事的道理。

「保持距離」並不是刻意要把別人隔開來凸顯自己，而是因為我身處的演藝環境，相對需要注意的細節實在太多，我一路從幕後工作人員斜槓到幕前表演工作，心態上的轉換不是一般人可以想像。以前要顧全大局，現在的我更追求自在的生活方式，或許永遠保持在適當時候展現對別人「剛剛好」的關心與關懷，才符合現代人所需要的邊界感。

我的第二人生，謝謝妳尊重我的任性

每個人在不同階段都有不同可能性，儘管狀態不同，例如二十歲的我，對演藝工作其實沒啥想法，就只是為了打工，然後藉此來累積工作經驗，所以二十幾歲時活像個行屍走肉，因為就真的只是為了賺錢、賺錢再賺錢！接著三十歲的我變成了「電視公務員」，幕前幕後都是在做電視，但我的邏輯就是——該開始對工作有所規畫了，像上班族，在職場上會有短、中、長期的規畫，然後某階段一定要當主管之類的，因此我在工作上區分得很清楚，幕前幕後的開關也安裝得很好，幕前讓自己大鳴大放，但幕後我要比別人更加專業。

幕前的工作包括上節目、做活動及品牌代言等，我幾乎對節目通告來者不拒，只要時間允許、基本上我很少推通告，對我來說，每個節目都是挑戰，不管是談話性節目或益智遊戲節目，有一次節目外景來到一個寵

物園區，訪問過程大概有三十隻大大小小的狗圍繞在我身邊，雖然每隻狗都很可愛，但因為我從小就很怕狗，當下真的快嚇瘋，心跳一直加速，但我不敢說，只能硬著頭皮把它錄完。

我也很喜歡各種消費者活動，就是平常會在百貨或是賣場看到的開 Mic 促銷活動。曾經有品牌好奇地問我：「怎麼還願意接這種吃力不討好的活動？」但我認為，能夠近距離跟消費者互動的工作，才能讓我更了解大家的需求，這樣在節目上，才能與時俱進分享更多流行資訊，而不單只是講一些不切實際的豪奢生活。

如果曾經看過我之前憂鬱症相關報導的人就知道……我曾經許下「四十歲就結束一切」的願望（叔叔有練過，千萬不要學唷！）那是因為當時我根本不知道自己到底為誰而活？原生家庭的負擔，加上自我懷疑的壓力，我一直不像表面上的快樂，在那個過一天算一天的轉輪裡無限循環，直到我在四十歲簽進「伊林娛樂」，在這裡，開啟了我的第二人生。伊林讓我重新檢視過去的工作與生活，是我新的開始，第一次正式簽經紀公司、第一次決定把自己交出去，開始學會跟別人相處，因為在此之前，我只需要對自己負責，但進了經紀公司，就像登上一艘滿載的船，每個人在船上都有不一樣的功能，除了把自己照顧好，還要能夠跟同船前進的夥伴培養更多默契。公司上下的每個人都對我非常禮遇，只是我不是一個很會開口求救的人，遇到問題，通常都選擇無視或吞忍，久而久之難免會有些隔閡，好險副董事長婉若姐就像盞明燈，任何事都可以找她討論，儘管她是人間清醒組，但她總會用最溫柔的方式提供各種建議與意見，所以與其說她是我經紀公司老闆，不如說她是我「乾媽」，但她明明也只比我大幾歲而已。

婉若姐是我看過最有智慧的人，先解決事情再解決心情，重視團隊合作，看待每件事都先從好的一面開始，這三點對我來說影響很大，讓我在接下來的人生道路上，能更宏觀地看待一切，不時地提醒自己不要總執著於小細節。婉若姐雖然教會我很多事，但她有個看似簡單的道理，卻一點也不容易，那就是——就算再生氣，也要優雅地發火！因為讓別人有台階下，才是真正大人的本事，她說「人生還在學」，絕對是有她的道理啊～～

分秒必爭的神奇旅行團

每次跟朋友談到要出國為藝人的寫真集做造型，大家必定馬上投以羨慕的眼光，彷彿我拿著免費的食宿、出國看遍各地美景般地悠哉，對於這些從寫真集成品中看到的假象，就算想要反駁，也不知從何說起？但說真的，出國工作是本人懼怕的，出國一趟有著太多細節需要注意，加上國外環境又比較不能掌控，且有時間長度上的限制，基本上，出國是一睜開眼就必須開始工作，且一直做到躺在床上闔眼的那刻才算停止，所有的工作時數都以兩倍起跳，你問我出國工作爽嗎？呵呵，我可一點都不覺得！

但慶幸的是，我出國工作所合作的對象，基本上都以男藝人居多，也許因為大家都是男生，溝通上比較不會有問題，而且也比較適合當「粗工」使用！所以每次只要有男藝人拍寫真集，我總是會雀屏中選，一同接受這項考驗。雖然出國工作是一項艱鉅的工程，但我不否認的，回收的成就感也比在國內工作要高出許多，而與藝人一同培養出的革命情感，更是一般人難以想像！

為一個藝人做造型，出國所需要的服裝數量已經十分龐大，為團體出國拍攝寫真集，那可真是件笑不出來的事！「五人跳舞團體的ENERGY要出寫真集！」現在回想起這件事，真不知當初自己是怎麼辦到的，出發前整理行李，光是衣服就帶了一百多件，這些還不包括五人的鞋子及配件，導致我自己的行李需一再地精簡，才能把五人的衣物給塞進去！到了日本，每天準備出門前，除了早起替五人化妝外，還要先把五人的衣服搭配好，我拿大到可以裝下人的紙箱，把所需要的衣服裝進去，不過好在團員們也很好心地拎自己的衣服，幫我省了不少麻煩，光是這出門前的工作量，大概就耗掉我半天的體力！

不過這趟行程，雖然有五位善解人意的團員幫忙，卻還是無法避免讓它成為史上最累的工作，出國工作能遇到的倒楣事，全都在這趟行程

中發生，天氣不好、交通阻塞加上場地的問題，都一再阻撓我們的工作進度，讓大伙每天都提心吊膽，怕在回國前沒辦法將工作完成！唯一慶幸的，自己對於日本當地還算熟悉，有些突發狀況尚能幫忙處理及協調，也終於在混亂中將這次工作結束，神經緊繃了五天，到最後一張照片拍完的同時，我也真的病倒，一路上吐下瀉地回台灣，而我照顧五天的五位團員，還要麻煩他們在最後一天輪流照顧我，幫我將那一百多件的衣服與配件打包好，並護送我回到家中！

我想，這也是出國工作迷人的地方，雖然辛苦，但當你看到一張張的照片沖洗出來、印刷成冊、上架銷售後，所獲得的喜悅與成就感，當然是與你辛苦的程度成正比。如果之後又有人要找我出國工作，我還是會答應，就當做來個震撼教育，激發自己潛在的力量吧！

藝人最難能可貴的真面目

在這事事都速食化的世界，許多人遇到挫折總會輕言放棄，對一般人而言，面對困難他可以漠視，再選擇別的可能性繼續前進，但所遇到的問題卻依舊，而且永遠沒有辦法與機會突破！就如同我對孫燕姿一樣，每次與她碰面，總是抱著一種又愛又恨的心態，雖然現在我們是相當好的朋友，但也曾因為她的關係讓我對這行差點失去信心，一度想要放棄！

回想起第一次與燕姿碰面的時候，她留著一頭頗具女人味的長髮，好相處、爽朗的個性，便讓我當時對她留下良好的印象。後來在唱片公司邀請下，我擔任她首張專輯的造型師，因應唱片公司的企劃方向，她必須呈現簡單、素雅的妝容，還剪去了一頭長髮，營造出自然與清新的整體形象。不過因為當時膚質狀況並非很好的她，在跑通告初期，因為忙碌的宣傳工作讓她沒時間補妝，常常到了晚上，妝也都掉得差不多，有次在家看到節目的播出，發現她的妝及頭髮都很不 OK，也讓自己對自己的專業產生了質疑，結果不到兩個禮拜，我便被唱片公司給換掉！

當時的我做化妝造型已有近七年的時間，卻連一個新人的妝都化不好，這次的打擊讓我相當受傷，從未正式學過專業化妝及髮型訓練的我，也一度考慮自己是否應該要從頭開始，接受更完整的學習？雖然唱片公司之後，還是有再請我為燕姿做妝髮，但因為先前挫敗的經驗，讓自己心中存在著小小的恐懼感，之後也更專心地花更多的時間，仔細打造燕姿的完美妝容！所以對於燕姿，我真的是又愛又恨，她也是少數讓我到現在化起妝來還是會緊張的藝人之一，畢竟第一次合作的打擊實在太大！

一出道即大紅特紅的燕姿，到現在我依舊很開心及榮幸能參與她的首張專輯，雖然在工作上有過不甚愉快的經驗，卻絲毫不影響我們的私交。私下的燕姿如同大家在螢幕上所見的一樣，是個直爽的女孩，記得有次燕姿為出席一個現場表演的節目，請我在她家替她化妝，化妝的同時，她一邊練唱開嗓，那時我還以為在放 CD，完美的唱腔跟聽 CD 的效果一模一樣，實在是令我很驚訝，被稱為天后完全名符其實！

而我與燕姿間的互動，時常有許多有趣的事，像有次在化妝時，她看見我隨身揹的包包，便開玩笑地說：「之後我不紅了，我也要來當化妝師，這樣也可以買名牌包包。」不過她一說完，馬上被我反擊：「妳已經是走紅大江南北的小天后，隨便一場活動前奏一下，名牌包包就不知道就可以買幾個，何苦還要跟我們這些化妝師搶飯吃？」話一說完，讓燕姿笑倒在地上久久不能起來，而我們就是這樣，在工作中一直保持輕鬆的心態，相處起來從未有隔閡。

聲勢一直如日中天的她，完全不會有大牌歌手的排場，平易近人的個性也深受唱片公司及週遭朋友的喜愛。有次為了趕通告，臨時找不到車，正當時間快來不及的時候，我才說出了我有一台古董老爺車的事，但一直不好意思讓她搭我的車，總覺得有損小天后的排場，燕姿卻一點都不以為意，很自然地坐上了我的車，還搖下車窗來吹風，一派輕鬆的模樣，才讓我不致於覺得不好意思，也因為她沒架子的個性，一路成長到現在，陪著她從零到有現在，個性卻依舊，就像當年還沒出道前的那個長髮小女孩般令人舒服！

而我呢？於公於私我都要感謝燕姿。於公，她讓我克服了我自己的障礙；於私，我則很開心能夠認識這樣的一位朋友。雖然現在難免還是會想起第一次合作的窘境，化起妝來還是會有點緊張，但這也是大家對於工作上的要求，如果沒有當初對於藝人形象的嚴格要求，又哪來今天叱吒樂壇的天后呢？

最謙卑的永遠都是最大牌的

我習慣觀察每個藝人，而也總能從中發現——成功的藝人背後，都具備某些相同的特質，這也是讓他們在這行屹立不搖的關鍵，這些特質包括：不遲到、永遠保持最佳狀態迎接每項工作、重視工作中的每個小細節及尊重身旁的工作伙伴等。而與「亞洲天王」任賢齊合作的過程中，發現這些特質都是他具備的，更清楚地了解，能夠走紅於兩岸三地，不單單只是靠運氣這麼簡單。

雖然與小齊哥僅合作過一、兩次，但當時的我看到他總會有點緊張，也深怕自己表現不夠好，但每次合作後，總是對他和善

親切的態度留下深刻印象，因為他不但放心交由你全權處理、尊重造型師的專業，工作結束後也不忘親切地向你道謝！一句簡單的感謝，彷彿你化的妝是全天下最完美，更會讓人銘記在心。

過了幾年後，任賢齊也因忙於各地的工作，鮮少在台灣再遇到。不過有次在餐廳裡，正巧遇到他也來用餐，事隔多年看到他，我卻直覺地認為他應該已經忘記我曾與他合作過，所以當時並沒有主動跟他打招呼，卻想不到此時他卻走了過來，連名帶姓叫出我名字，開心地寒暄詢問我的近況，連我身旁的朋友都不忘給予親切的問候，他的這個舉動，讓我心中感到非常的溫暖，打破自己以前對於所謂「大牌藝人」的認知，原來不是一定要擺出不可一世、高傲冷默的姿態才是大牌。

我時常因為工作的關係，必須每年定期飛到日本好幾趟，而有了上次的巧遇經驗後，想不到再過了幾年，我與任賢齊又在日本機場遇見，但自己頑固的個性還是抱持「他一定不認得我」的心態，好不容易走到登機處，才發現自己與小齊哥搭同班飛機回台，而他當然還是一如往常的親切。經過這兩次巧遇之後，更讓我對於任賢齊的為人感到佩服，也更堅定地認為，一個人的成功絕對不是靠運氣，而是來自於他的態度，除了讓自己對工作上有更認真及負責的態度，也將他的認真當成自己的榜樣，時時地提醒自己，只要曾經付出過努力，還是會得到關心與鼓勵！

如何創造娛樂生存多面向

其實我是一個很慢熱的人，總是要花比較長的時間，才能跟人真正地熟識，再加上這行工作，大伙總是來來去去，永遠不知道下次碰面會是什麼時候，也有可能在這次合作之後，卻再也沒機會遇上。也因為如此，要與同行的人做真心的朋友，對我而言難度真的不低！就如同我與何嘉文，早在她剛入行時我們便已認識，但真正成為好友，卻是四年後。

嘉文剛出道時，我在某次的拍照通告中替她化妝，那時覺得她是個很害羞又乖巧的女生，也可能是因為剛進入這行，對於環境及許多事物相當陌生，所以總是安靜地坐在一旁，而只要遇到新人，我難免要使出搞笑本領，讓他們能夠放鬆一點。首次合作結束，我們當然沒有繼續保持聯絡，直到四、五年之後，我再次碰到嘉文，此時的她整個人顯得悶悶不樂，對這行有點想要放棄的感覺，也從那時候開始，我漸漸地與她熟悉起來，也許是因為我們倆的個性都很像，雖然熱情，卻都要花點時間了解彼此，才能夠成為真正的朋友。那時的嘉文工作很多，卻讓人覺得她不太開心，有種找不到方向的感覺，在與她聊過之後，我知道她對於時尚與設計這方面很有興趣，但卻又不知道從何著手，身為朋友的我，自然希望能夠從中幫助她，讓她能夠開心地做自己想做的事。

一同看秀、一起出國，嘉文就像我的親妹妹般，總是帶著她四處跑，而在個性上，我們兩個也呈現出一種互補的和諧，嘉文溫和的個性，總是讓個性較急的我能適時地放慢腳步，嘉文也成為我圈內少數幾個好友之一。幾個朋友大家相互的幫忙，截長補短，除了讓我們的友情更親近之外，也逐步地去實現自己的夢想！

嘉文是一個很願意虛心學習的女孩子，從一開始事事要人家幫忙打理，到最後能夠將自己打扮得美美的出席活動跟上通告，這一切的轉變我都看在眼裡，也願意傾囊相授經驗給她，因為我知道她可以，只是需要時間及經驗的累積！記得剛開始時，我總是會上下打量她的服裝及妝容，把她搞得很緊張，總是要全身被數落過一遍之後，才會出門去看秀或上通告，以前嘉文總覺得藝人出席時尚派對，便是希望能夠曝光，在新聞上有露出，才會有意義！到現在，應該還是有不少藝人抱持的這樣的心態出席時尚派對，但其實不只是去湊熱鬧這麼簡單，每場秀都有設計師想要表達的精神，不到三十分鐘的一場秀，不但要注意衣服及妝容的重點，還要了解當季的潮流資訊，如果只是把出席時尚派對看成一個曝光的方式，那就真的是太膚淺！

每次嘉文都把握每個機會努力的學習，不斷地吸收，用自己的努力來補強，到現在，擁有自己的化妝品牌及內衣系列，這是她的堅持與不計結果地付出，所獲得的甜美成果。娛樂圈中，還是有不少的藝人像隻無頭蒼蠅般四處亂竄，也尚未為自己的人生與前途訂下一個目標，與其虛度光陰，不如多學學何嘉文的精神，她的例子，更是所有擁有夢想的人最好的借鏡！

當偶像就在自己面前

能夠在娛樂圈工作，相信是許多年輕學子們所希望的，每天都有不同的挑戰與驚喜等著你，我當然也跟許多人一樣，有自己小時候欣賞的偶像，更期待著進入這行後可以跟以前崇拜的偶像合作，尤其是六年級生，一提到小虎隊，更令人想起許多年少輕狂的回憶！想起站在小虎隊貨櫃演唱會底下，大聲喊著「重榮譽，守秩序！」的口號，相信是許多六年級生兒時重要的回憶之一。

現在三位小虎的事業各有一片天，也在各自領域中占有一席之地，雖然要再看到三位合體現身，帶領大家一起喊著當時的口號是不太可能，但三位在所有樂迷的心中，仍然是一個不可磨滅的經典組合！有幸的是，進入這行工作後，我竟有機會與這三隻小虎分別合作，能跟自己的偶像合作，這可是燒了幾輩子的好香才能有的機會，當然要盡全力使出畢生的絕活，免得在偶像面前丟了面子！

在還沒與蘇有朋合作之前，印象中覺得他是一位飽讀詩書的藝文青年，合作後才知道，他是個自我要求很高的藝人，在他面前絕對不能打馬虎眼！首次合作只需三套的服裝，我則準備了十二套衣服，以高規格的陣仗來迎接高標準的要求，不過首次合作後，有朋跟工作人員說一句話，表示「以後服裝全都交給明川處理。」這句話可讓唱片公司嚇了一大跳，因為蘇有朋很少如此的信任一位造型師，除讓我深感榮幸之外，更促使提高對自我的要求！而因為他的一句話，讓我那一陣子幾乎將全台灣的低腰褲都買了回來，是因為有朋的身材比例太好、腿又長，所以他幾乎都要穿低腰褲修飾身材比例，鏡頭上看起來會更臻完美。蘇有朋也是個相當懂得投資自己的男藝人，除了服飾外，連同

配件及頭髮都要求完美，這也是他自己對於工作上的尊重，懂得投資自己、勇於嘗試，是讓演藝生命越來越長的不二法則！

而外型及給人的印象皆非常神秘的陳志朋，在我第一次與他合作前，總免不了擔心會不會不知道要講什麼，但合作後，原本看似神秘的貴族王子，竟是一個毫無距離感的人；在工作中，他會與大家分享養生之道，入行多年的他仍努力充實自己，讓人體會他對工作的負責與認真。而陳志朋也是我少數看過數十年如一日準時的藝人，他總會在約定的時間準時出現，有時甚至提早個五分鐘，所以每次知道要與他合作，我總會提早出門，才不至於耽誤大家的時間！

從一開始的陽光大男孩，到現在散發成熟男人味道的吳奇隆，每次與他合作總是讓我非常有成就感！經紀公司請我來幫他打理某次返台宣傳工作的服裝，我一共準備了二十套，想不到試裝的第一天，吳奇隆便大手筆地買下其中的十六套，讓我除了開心借來的衣服能夠讓大家滿意，更發現自己精準的眼光也有當購物專家的潛力！總是在工作中像個大哥哥的他，會很貼心地照顧大家、與工作人員話家常，是一個懂得進退的親善大使。

能夠與自己喜愛的偶像合作，固然是件開心的事，但也很有可能會因為自己投注過多的心情與想法，而影響到工作上專業的判斷，看到欣賞的偶像，總會以為自己已經足夠認識與了解，但其實那僅是對方螢光幕前的表演，也往往因為這樣的誤解，而在與自己喜愛的偶像合作後，落得幻滅的下場。有過這類經驗的我，之後也常常告訴自己，不論與誰合作，都要將自己的心態調整到最平靜，排除過多的想法，才能將每件工作都做到最好！

讓我確立正確演藝目標

在娛樂圈工作，總是會不時地聽到各式各樣的「傳說」！譬如誰誰誰很難搞、某女星又搭上富商之類的……只要是還算有新聞價值的藝人，我幾乎都曾耳聞這些莫名的「傳說」，但是這些事件的真真假假，更是考驗每個人的判斷能力。當年娛樂新聞百家爭鳴的全盛時期，我加入了三立《完全娛樂》擔任主播群的造型工作，也因此接觸了當年揹負「難搞」傳說的當家主播——高怡平！還記得那時候知道要接下這份工作，就收到各方圈內人馬關切的電話，搞得一付接通告像是要上戰場一樣恐怖！

那時候大家都很認真且嚴肅地提醒我：「高怡平可是當家主持人，到時候去上班時可要千萬小心！」甚至有些人還會抱著「看你能做多久」的心態。會有這些莫名的壓力，當然是因為怡平姐就是「傳說中」所謂難搞又挑剔的當紅主持人，更誇張的還有「據說」她非名牌不穿，錄影的時候更是會常對工作人員擺臉色，所以很多人只要聽到她的名號，無不

紛紛走避，可說是難搞指數百分百！不過，在我跟她工作三年多的經驗中，那些「傳說中」及「據說」卻是一件都不曾發生過！

在跟怡平姐工作的那段時間，我感受到的反而是一位圈內長輩難得一見的氣度，她不但常常主動對節目內容提出建設性的提議，對工作人員更是貼心至極，平常就常常請大家吃喝，遇到重要節日甚至小到工作人員的生日，禮物可都沒少。當年我還只是默默無名的小造型師，可也都是怡平姐帶著我到處去見世面，後來還一度推薦我成為節目中固定外景的主持人，所以說怡平姐是我的演藝師父，一點都不為過。

而且我們兩人有一個「黃金五分鐘」的談話時間，體貼的怡平姐總是在下了節目之後，開車順道送我到捷運站去坐車，這段從停車場到捷運站的短短五分鐘，我們倆就在車上天南地北的無所不聊，每天短暫

接受她的「開示」，堅定我要繼續做這行的決心。印象最深刻的是，她曾經告訴我：「在這行沒有人是無可取代的，除了不斷地充實自己之外，過於自滿只會加速自己被淘汰。」也因為這句話，讓我在娛樂圈中，總是抱著多學多聽的心態，虛心接受各方的意見。

因為參與現場節目的關係，為了每天能準時讓主持人與觀眾見面，更是訓練了快、狠、準的好身手，除化完妝、弄好頭髮之外，更要讓藝人的每一面、每個角度都是完美的！現在的我，常被許多人詢問「為什麼動作可以這麼快？」一方面除了不喜歡浪費時間，最大的功臣就應該屬於在《完全娛樂》擔任造型，那陣子所訓練出來的基礎吧！

因為在工作上的信任，貴為一線女主持人的高怡平，之後所接到廣告及大型晚會主持，她也放心地交給我來打理，除了工作量激增之外，接觸的東西也越來越廣。因為高怡平的專業與主持功力，是許多跨年晚會爭相邀請的女主持人，為表示對節目的尊重，我與她也達成一個共識——一切以「夠美夠隆重」為前提，所以衣服當然顧不得季節，在十度低溫中穿著大露背的禮服，她從不喊冷，也不會有任何抱怨，所以每年主持完跨年晚會後，必定要感冒個好幾天，而我就成為每年過年讓她感冒的最大兇手！不過這也是我們兩個人的默契，我做好我的工作，她也表現出對我的信任與尊重，讓我們相當愉快地合作很長一段時間，直到她嫁為人婦淡出演藝圈。

那些當初所謂的傳說，我也曾與怡平姐聊過，她聽完只表示：「那然後呢？與其每天研究及討論這些蜚短流長，還不如將心思多放點在工作上，做好自己該做的事！」而與她共事的那一段時間，我更以一個新的角度來面對自己的工作，從待人處事到工作態度！至於再多的流言，就讓它不著痕跡地從耳邊流逝。

星光閃耀的背後故事

許多年輕人對於演藝事業皆抱著一股憧憬，進入這行總覺得自己有天一定會大紅大紫，而這麼多年來，無論是朋友或別人請我推薦想進入娛樂圈的人，多到數也數不清，但我一直秉持著反對的原則。我會這麼做，並不是覺得他們不會紅，只是身為朋友的我，看過太多娛樂圈中不為人知的辛苦面，也知道許多說不出的辛酸，所以要我的朋友們去做這件揹負著龐大壓力的工作，多半我都是儘量勸退，不希望他們去承受這些。

張善為在尚未成為藝人時我們就認識，他也跟許多時下的年輕人一樣，懷抱著明星夢，但當時已經入行的我，對於他想要成為藝人的這件事，總是不停地冷嘲熱諷。面對我無情的潑冷水攻勢，善為依舊對於這工作有著極高的興趣與熱情，拍了幾支廣告後，被一間唱片公司給相中，準備要發唱片，而他當然也很開心地告訴我這件事，不過我依舊不改毒舌的本性，說他「帥又沒比人帥、歌也唱得沒人家好聽，反正是不會紅的！」

雖然口頭上是這麼說，但當我知道他的MV因預算不足，連請造型師的費用都沒有，基於朋友的道義，我當然是無酬去幫忙，也算是做為慶祝他終於成為藝人的一份禮物！而拍攝當天狀況連連，感覺像是雜牌軍大集合一般，所有的人都是新手，可想而知，拍出來的成品鐵定讓人腿軟，不但光沒打在藝人身上，甚至連對嘴的畫面都拍得亂七八糟。

而更令人不敢相信的是，導演竟然在此時喊了收工！當年對於每一個偶像明星來說，MV可是極為重要的一環，更何況是我朋友的第一支MV，正當覺得一切都很不合理的情況下，此時唱片公司的人要求看剛剛拍攝的帶子以確保無誤，想不到導演竟然惱羞成怒，認為是我跑去跟唱片公司的人告他的狀，一氣之下，便拿起身旁的鐵棍作勢要打我，雖然唱片公司的人趕緊把我給帶開，但我仍然被這一切突如其來的事給嚇到，也在那時候，我才發現，原來在這個圈子裡，竟然有著這種不平等的階級制度，把造型師視為一個不需要尊重的人物，實在是太不可思議了。在回程的路上，我再也忍受不住這種無理且莫名的委屈，而哭了出來，當時甚至還考慮自己到底要不要繼續做下去，也是第一次對娛樂圈喪失了信心。

善為雖然沒有因為這張唱片一炮而紅，卻開拓了他的演藝事業，後來因為主持節目及戲劇演出，讓他日漸走紅，但我仍維持一貫的反對作風，我總是認為，維持成功要比成功更難，所以我還是依舊冷言冷語，希望他能夠戰戰兢兢地，繼續保持下去他目前所擁有的！而再一次的，又有唱片公司想要幫他發行唱片，不過，這次的預算可是上一次的好

幾倍，我知道，善為他實現了他的夢想，而這次的唱片記者會，唱片公司在完全不知前因的情況下，找了我擔任化妝師，對我來說，這是一個很複雜的心情，雖然我從以前到現在，總是不斷地嘲諷自己的朋友，卻打從心底真心地希望他成功，雖然在後台化妝的時候，我還是繼續取笑他，但心裡其實是相當為他開心的。記者會開始後，我與他的經紀人站在後台，看著台上我認識的朋友，當他拿出他親人的照片，想告訴他們終於成功了，證明自己真的做到時，我非常感動，抱著他的經紀人在台下大哭，因為我知道這一路走過來，他遇到了多少的辛苦與挫折，也知道這一切要付出多少的代價才能夠達到。善為雖然不是娛樂圈中最帥、最會唱歌的人，但他付出的努力，絕對是這圈中最多的人！

無論先天的優勢如何，進入職場後，如果不能抱著戰戰兢兢及努力學習的心態去面對的話，就算是出世便含著金湯匙的人，也不一定能夠到達成功的門檻，唯有努力不懈，才是成功的不二法門！

娛樂圈不適應症候群

進入娛樂圈的每個人，所抱持的目標與目的皆不同，有的擁有遠大抱負與企圖心，有的則是沒有半點野心，純粹抱著一份興趣做開心的。而人稱「藝人」的真面目，對我來說，可以分為兩種，一種是卸了妝後的素顏，另一種則是藝人在螢光幕下的真實性格！剛認識徐曉晰時，說句真話我那時很不喜歡她，覺得她既高傲又冷漠，每次只要遇到與她工作的那一天，我總幻想著節目的執行製作會打來通知取消明天的通告；每次與她碰面，都更加深我「絕對不可能跟她成為朋友」的這個念頭，並一直告訴自己，把這一切當工作就好，不要跟錢過不去！

而後來相處一久，漸漸了解她的個性後，我才發現原來第一眼的印象都會騙人，我也才知道，曉晰平日擺出的冷漠與高傲，起因她不懂得如何與人相處，也不知道要如何去處理電視台中的人情世故。一開始我也將她歸類於非常有企圖心的藝人，但在了解她之後，我才發現原來自己與她都是屬於同一種人，只懂得要去把自己的事給做好，卻往往不知道，社交與人際關係其實也是工作的一部份，同樣需要好好經營！

從厭惡到結為好友，在工作上，我也基於朋友的道義，處處提點她應該要注意的事。神經大條的她，每次有電視台長官進棚來探班、看看當天錄影的狀況時，這位小姐總是不以為意，即便現場的工作人員個個都緊張得不得了，她仍一個人專心地看節目腳本，此時正在幫她化妝或是整理頭髮的我，總會拿著梳子的另一頭去戳她，低聲地提醒她「趕快跟長官打聲招呼！」此時的她才恍然大悟，趕緊放下腳本向長官問好。諸如此類的事，也一直發生在我們合作的這段期間，到後期我甚至還扮演起她經紀人的角色，代替她跟廠商談合約及價錢，當時業界都盛傳，徐曉晰的經紀人是位李先生，不過沒有人知道，傳說中的李先生，便是李明川我本人！

之後我們的關係越來越好，也結成好友，下了班之後，兩人總是相約一起去吃喝玩樂，曉晰就像是我的姐姐一般，什麼事都可以互相討論與商量，兩人甚至可以坐在國父紀念館的台階上聊天聊到凌晨兩點，那陣子幾乎每天都會碰面，可能一起吃飯或一起看電影，幾乎形影不離。期間曉晰嫁作人婦，專心經營她的婚姻生活，我們仍然維持著好朋友的關係，我想好朋友是一輩子的，無論什麼事都無法改變，也祝福她能幸福美滿！

這就是徐曉晰的真面目，相較於曉晰在娛樂圈中所抱持的平常心，比起某些藝人用盡心機、在工作上要盡手段，曉晰多年來保持著她隨性及自然的性格，更令我十分佩服！

非主流市場操作的主流看法

早期我的工作還沒像現在如此多元化之前，主要合作的對象，基本上都是廣告客戶、雜誌以及唱片居多，遇到的藝人也皆為唱片歌手、年輕演員或是模特兒，大家也都順理成章地認為，這群人才是造型師應該合作的對象，也是走在流行的尖端。因為一般普羅大眾這樣的偏見，讓我在接到龍劭華的電話時，實在是嚇了一大跳！我怎麼也想不到會有這樣特別的案子上門，聊過後才知道，對方希望我能為他當時所接下的新戲做造型，因此龍劭華成為我第一個合作的戲劇藝人。

能夠與從未接觸過的藝人合作，本來就會讓我勇於嘗試的個性躍躍欲試，更何況是挑戰戲劇的造型，在決定與龍劭華合作後，心情也從一開始的懷疑，到後來信心滿滿，向自我挑戰般地充滿鬥志。雖然我當初想也想不到，像龍哥這樣的資深本土藝人，也對自己的造型如此重視！為戲中人物做造型，不像一般的雜誌拍照或廣告定裝，只需要準備兩至三套便可以，我除了要研究劇中人物性格外，劇中的環境及時代的背景，甚至連季節都是需要考慮的因素，而且還要兼具流行性，所以真的是一項繁複的工作。在我們溝通了解需求過後，龍哥便二話不說，全權交由我來處理，對一位造型師而言，龍劭華的這項舉動，讓我有種備受尊重的感覺之外，還能更放心地將我的專業展示出來。

戲要開拍前，我便準備了二十套衣服給龍劭華試裝，同時為了這部戲，我們將每件衣服都拍照、然後裝訂成冊，一人各留一本在身上，以利日後要搭配的話，就可清楚知道當天要使用哪件衣服。有次還因導演對服裝有疑問，希望龍劭華可以不要穿著這件衣服，想不到他卻回導演說：「但這是我的造型師準備的！」為了這件事，我還特地趕過去與導演開會，更了解到龍劭華對於造型師的尊重。

在與龍劭華合作過後，對於他願意排除自己過去對造型的既定印象，及相信造型師的專業，促成我們首次合作便非常愉快。我甚至還到他的家中幫他把衣櫃整理一番，留下適合的衣服，將用不到的衣服出清，我也才了解，如果像龍哥在這行如此資深的藝人都懂得打理自己、虛心學習與尊重別人的道理，那麼現在的年輕藝人，是不是也應該要對自己的衣著負責？有時候打開電視看到有些藝人穿著看不出頭緒及重點的服裝，在造型師的眼裡，除了覺得這些人不尊重節目及觀眾外，他們更是不尊重自己的工作！

人往往都會存在著先入為主的觀念，這些東西卻也常阻礙我們在工作上的創意。如果當初龍劭華沒有找我為他做造型，我也可能喪失一個如此有挑戰性的工作，更侷限在自己所設的框框內無法突破！

娛樂新星的必修學分

擔任造型師這麼多年，我後來才發現，自己常在有意無意間幫許多的新人上課，原因無他，只是覺得在這競爭激烈的殘酷世界中，總要有個人提醒他們一些事。對我來說，化妝師不但要幫藝人打理門面，也同樣要幫他們的內心上點妝，表現他們好的一面，就像職前訓練班的老師，讓他們在剛踏入這行時，提昇自己的信心，來面對這個環境。

有一陣子偶像劇當道，演藝圈出現了不少新鮮的面孔，男男女女各個長得完美，彷彿是從漫畫中走出來的一般，雖然大伙兒的起跑線都相同，際遇卻是大不同，有的人一檔戲便迅速走紅，而有些人則是要經過了好幾檔戲的磨練，才漸漸看得出蘊藏的光芒。剛認識梁又琳，便對她有莫名的好感，個性很單純也很聽話的她，本質相當不錯，更難能可貴的是，成為藝人之後，她依舊維持著自己原來的個性，完全不受這圈子影響。

在這行業中，擁有太多的運氣與不確定性，也因為如此更顯得絢麗且危險！在某次雜誌的拍照工作，我再度與又琳碰面，她仍保持那天真體貼的個性，正當經紀人與雜誌編輯在外頭討論拍照的細節時，我與她在化妝間繼續該做的工作，一邊上妝一邊閒聊，聊到關於所謂「紅與不紅」這個問題時，當我說到在這個圈中，很多東西會慢慢地累積一個藝人的價值，也不因為妳特別的乖或是聽話就一定會紅，但有時卻會因百依百順，而失去了原來的自己，又琳可能因為感同深受，也或許是進入這行後，每天忙碌的工作，讓她的心態來不及調適，終於忍不住哭了出來；而看到她掉眼淚，我並沒有馬上安慰她，反而讓她自己靜靜地把心理壓力發洩，哭完再繼續將她的妝化完。當又琳推開化妝間的門，所有的不愉快都已留在化妝間，帶著她一貫甜美的笑容，將拍照的工作完成。

喜新厭舊的娛樂圈，需要新面孔的數量非常龐大，外型吸引人便擁有進入這行的鑰匙，但入行之後，每個人真的都準備好了嗎？準備去面對媒體、應付忙碌的工作；遇上沒工作時，心態真的能夠調適嗎？許多年輕人總把娛樂圈看成一個輕鬆的工作環境，要真的如外界所說的錢這麼好賺，那又為何有這麼多娛樂圈的人物出現在社會版呢？準備好了再上吧！經紀公司或許可以幫你安排許多的工作，但你真的能夠全盤接受嗎？以半調子的心態來面對工作的話，又怎麼會想期望自己能夠大放異彩呢？

如何成爲造型師

我的入行只是為了省錢

人生總是有太多天註定的事情，就像我會成為造型師也是一樣的！

當初入行其實沒有太了不得的理由，很單純地就是為了要「省錢」！

大學的時候跟同學成立了攝影工作室，我同學是攝影科班出身，想當然他就是攝影師，而我只好衝著對化妝還有點興趣，以及必須節省開銷，就成了造型師！不然如果還要外發造型師，就要增加額外的支出，所以當時的入行，還真的只是為了控制成本而已！

一開始我根本不知道該怎麼化妝，在那之前，我只有在家裡看過我媽是怎麼化妝，所以只好去書店買化妝的書回家研究，然後再按照書上的步驟化在別人臉上，也就是因為這樣，大概將近有一年的時間，在我筆下完成的彩妝都長得一模一樣，頂多是換一換口紅顏色而已，甚至我連睫毛都不敢夾，只能做假動作，然後再補上厚厚的睫毛膏。現在回想起來，當時不知哪來的勇氣，就這樣從容上陣「演」造型師？！

而我們的工作室，剛開始都是接一些不知名模特兒的宣傳照，或是少男少女寫真照，所以某種程度上，造型難度並不會太高，所以我那一招半式，也就安安穩穩地沒有出過太多狀況。直到工作室開始接觸到平面雜誌，陸續有一些藝人會進棚來拍照，我才驚覺我好像必須認真面對關於「我是造型師」這件事！

造型師＝化妝＋髮型＋服裝

尤其是娛樂圈的造型師，最好是「三機一體」，這樣對於製作單位或是唱片公司，對於預算的運作可以更加靈活，或是可以在人員的調度上多樣化，當然更重要的是，能讓你增加同行之間的競爭力。

左｜這是美國很知名的彩妝大師，我很崇拜他的妝感。
中上｜鏡頭裡的妝跟日常彩妝絕對不一樣，專業造型師要懂得分清楚。
中下｜我都叫他老師，當初就是靠他成功演出化妝師！哈哈哈～～
右｜雖然裡面的妝都很誇張，但當時可是讓我學會怎麼分區上色。

New
DEW
D
DEW
SUPERIOR

自創的無料學習法

會成為造型師是天註定也不盡然，因為我從小就對這些東西很感興趣！

小學的時候，每到週末我就跟著媽媽上美容院，我可以整個下午都陪她在美容院裡做臉跟做頭髮，所以當時我就會觀察髮型師是怎麼吹頭髮？他怎麼有辦法把每個垂頭喪氣的媽媽頭，變成蓬鬆有朝氣的貴婦頭？以及髮型師如何很拉風地用一把剪刀在頭上比劃比劃就完成髮型？當然，我也會在家裡跟我媽演出我假裝幫她做臉的橋段，好像這些事對我來說，是自然而然地就很熟悉。

而我從小還有一個特殊才藝，就是畫美女圖，舉凡上課無聊或是在家發呆，都可以隨手畫出幾個嬌俏的美女，所以我的美女圖遍布家裡的沙發和學校的課桌椅，課本上更不可能放過。而且奇怪的是，我也只會畫美女圖，矮醜癡肥的人像或是男生，我是完全畫不出來。

另外，最慘的是報紙上的女明星們！因為每個上報的女星，都難逃被我改造的命運，我最喜歡幫紙上女星割雙眼皮，再來就是幫她們畫上假睫毛，甚至會幫她們做點修容之類的，所以小時候常常被我媽罵，因為她發現報紙上的人，面孔都跟她印象中長得不一樣了！

回想這些過程，發現冥冥中我好像註定要走入這個行業，只是時間早晚而已，也因為這些特殊興趣，所以當我在還沒學會化妝髮型前，就可以靠著這些基本功快速地進入狀況，好比說「看報紙畫明星」，我可以從這裡做好最基本的輪廓認識跟訓練，甚至可以先從報上認識這些藝人的五官，等到有機會與這些藝人合作，就不會對她的五官輪廓感到陌生。畫美女圖的訓練，則是可以讓我更清楚地知道怎麼拿捏比例，因為人從五官到身材，都有比例的問題，尤其是娛樂圈，講究的是鏡頭裡的五官，很多比例的問題，必須要很精準地做調整。

入行並不難，但要如何這個行業裡突出，我覺得個人養成教育還是最重要的，要能跟上時代脈動，同時還要有自己的一套。我前面提到的，看起來像是小時候玩樂的方法，但套用到現在的狀況：多看、多學、多練習，完全是成為專業造型師的基本要訣。我自創的「無料學習法」，可以讓自己隨時都有機會成長，甚至隨時都呈現完美的狀態。

「無料」就是免付費，既然不用付錢，更要好好地把握機會，我就是從畫紙上明星來分辨誰有大小眼！這樣當我處理眼妝的時候，就會特別去注意誰必須要多加強！

高中時期服裝手稿

大學時期服裝手稿

魔鬼
①黑、灰銀、藍三色
②大量抽繩束縛表現身材曲线
③下半身皮褲為高明度的黑色漆亮皮材質
④臀部拼接黑紗裙．製作華麗感

服裝手稿

主題：存在感

鞋面：金色皮革

鞋飾：立体蝴蝶結
加上晶鑽寶石

內容：讓記鞋子成為件
造型的重點主題.
Doll Chic 是今年主流
robbin 又是 doll chic 的
一大符号. 搭配今年 S/S
民俗风以及白色風潮.
亮澤度就成為整體重点

設計手稿

早期彩妝作品

早期彩妝作品

專業造型師養成的必修學分

身為專業造型師，最基本就是從雜誌做為在職進修，但我除了會看每季流行趨勢，也會從一些時尚議題裡找到輔助專業知識的內容。另外，我還會特別觀察每個攝影師不同的風格，以及攝影光源之於拍攝內容的掌握，這些小細節雖然看似跟造型師工作無關，但很多工作細節是環環相扣的，如果能從這些小地方做足功課，就會很容易出現成功的作品，所以我常常提醒大家，要從正確的環境學該學的東西，這才是學習的不二法門！

如果你也想要成為造型師，入行管道其實很多元，譬如可以先去時尚雜誌當服裝編輯， 這工作除了可以快速地培養你對流行時尚的敏銳度及觀察力之外，還可以建立業界的人脈資源，這是一個最好的入門開始！當然，你也可以從髮型沙龍的助理做起，或是直接去當造型師助理，但這些助理工作的先決條件是你要能跟對人，因為如果你跟錯人只會適得其反！

接著我將造型師工作分成三部份說明，並提醒大家初入行的必修：

（一）化妝：

化妝可以大致分為底妝和彩妝兩部份，建議要先找出自己擅長的部份，然後集中火力加強練習。我建議一定要多看平面雜誌，確實觀察攝影師和化妝師之間的互動關係，例如，光源會讓妝感跟妝效的感覺大不同，也可以進階地大膽運用顏色，另外，還要勤加練習手感，好熟悉臉型的五官立體變化。

（二）髮型：

這裡特別指的是在「鏡頭中好看的髮型」，髮型是活的、立體的，所以要特別注意頭髮正面及側面在鏡頭裡的比例，因為這會影響到臉的大小，當然還要隨時觀察流行的趨勢，可以從電影或 MV 中參考所謂「鏡頭裡的髮型」。

（三）造型：

一位好的造型師要能夠一眼就判斷出身材的比例，換言之，要能做到「透視模特兒的身材比例」，掌握好身材的比例，才能搭配出適合的服裝，這樣才能收到事半功倍之效。

什麼才是真正上鏡頭的造型？

現在大家對於外型的要求愈來愈高，每個人對於把自己變得漂亮或是有型，都有自己的一套。但就我來看，我會把造型分為「日常造型」與「鏡頭造型」，如果你想成為專業造型師，一定要學會判斷兩者的差異為何！

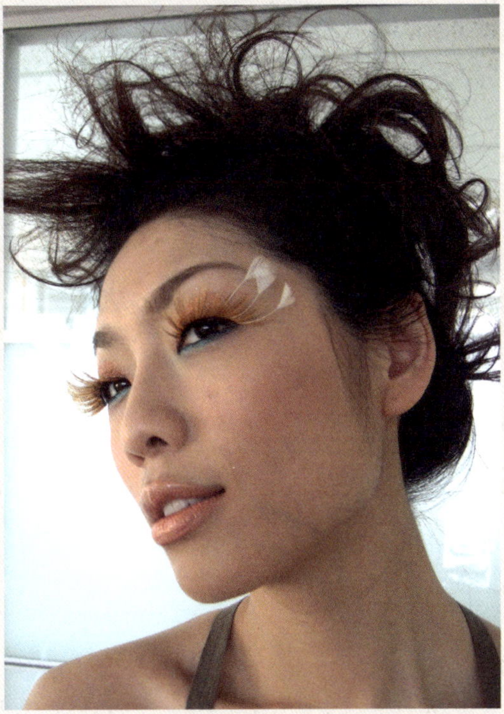

（一）化妝：

鏡頭上的臉形及五官的線條，往往是藝人最講究的一環，也是化妝造型師最基本的入門功課，要如何塑造出一個人人稱羨的五官，要特別注意以下幾點唷！

（1）底妝要立體！換言之就是要強調五官立體度。

（2）眼妝最重要！眼睛要有神，線條的勾勒遠大於顏色的表現。

（3）畫睫毛的時候，睫毛長度的表現大於睫毛的濃密度。

（4）彩妝以使用「無閃度色澤」為佳，因為上鏡頭會有反光問題。

（5）彩妝的顏色，要以表現五官立體度為重點，而不是強調顏色。

（二）髮型：

一個適當的髮型，會讓人眼睛為之一亮！尤其是在鏡頭上，初次見到你的人，從第一眼開始，髮型就是他會不會對你有印象的關鍵，所以如何強調出個人風格或是掩蓋缺點，最快的方法就是從「頭」開始！

（1）正面的頭型比例要注意蓬鬆度，髮型的層次要有立體感。

（2）頭髮的染色，以一種顏色打底，兩種顏色挑染為最佳，如此顏色的層次會有豐富的立體感。

（3）髮質不能太好，因為差一點的髮質會比較方便做造型。

（4）髮色以咖啡色、褐色或亞麻色為佳，切忌偏紅或偏橘，因為在鏡頭上會顯得老氣。

（5）以男性的髮型來說，兩側的髮量通常是較容易疏忽的地方。若兩側的頭髮過於蓬鬆，在鏡頭上所呈現的臉型會變大，但若削得太薄見頭皮也不好看。

（6）以女性髮型來說，頭髮的長度不要超過肩胛骨為佳。長度若超過肩胛骨，整個人的身高比例在鏡頭上會顯得比較矮。

（7）頭髮髮型頭頂要蓬鬆會比較立體，分邊以三七分為最佳，臉型也會更顯漂亮。

（三）造型：

在五光十色的演藝圈中，如何飛上枝頭成為觀眾心目中的鳳凰？或許是見仁見智的觀點，但不可否認，在鏡頭前肯定是要光鮮奪目，而一個完美的造型，就是最直接的表現！

（1）藍、綠、黑、白還有太暗沉的顏色，都不適合為大範圍的主色調。
（2）小碎花或是條紋的花樣也不適合大面積呈現。
（3）皮膚膚色不宜過黑，在鏡頭前呈現會較吃虧。
（4）配件不要太多，耳環或項鍊擇一，手環或戒指擇一，才不會沒有重點。
（5）盡量不要配戴手錶，除非可以搭配整體造型，否則反而會有干擾的效果。
（6）上衣可以比腰線短一點，使身型較修長。
（7）鞋子可以選擇有跟的，會讓人的腰骨自然挺直，看起來更有精神。
（8）拍照微笑的時候，以露出六到八顆牙齒為最佳。
（9）拍照時舌頭可以微微頂上顎，雙頰感覺會更修長。

通告要爭取　不會從天上掉

「通告」對於造型師而言，最實際的差別就是收入的多寡。

對剛入行的造型師而言，學會「如何推薦自己」是最難跨越的一步，尤其像我這種社交白癡就更難突破心防！但能夠在這個行業生存甚至發光發熱，一定要學會克服心理障礙！剛開始接通告的時候，我會自己一個人在化妝間裡悶不吭聲，做完自己的事就不再參與大家的話題，但當我發現這樣的工作模式，會讓大家對我有種莫名的距離感，工作人員也常常以為我心情不好，有些藝人甚至不敢跟我說話，我才驚覺這樣的我很「不可愛」！

所以我決定要改變自己，把可愛的那一面拿出來！會讓人覺得不好親近，是因為我比較容易害羞又天性怕冷場，其實我也很希望跟大家打成一片。當然，不是說從事這行，就要學會假惺惺或是每天嘻嘻哈哈，但畢竟保持工作環境的歡樂氣氛，確實可以讓大家在工作中更為順利！

當然，通告的來源大多是先從口碑做起，有了好口碑，自然而然就會有後續的通告，累積了一定程度的通告量，就必須懂得如何統整通告，以下就是我幫大家歸納出所謂通告的來源和注意事項：

（一）入行摸索期：剛開始肯定是沒人認識你，必須毛遂自薦才能讓大家認識你，所以要先整理出自己的造型作品集，再像投履歷一樣寄到各大雜誌社，並且要指定寄給雜誌主編或是執行編輯，至於人員名單，在雜誌的版權頁都會有詳細登錄，只要按圖索驥地去做這些動作，就算是踏出了第一步！當然，毛遂自薦也需要一些小技巧，因為每本雜誌都有屬於自己的風格與屬性，所以你所準備的造型作品集，當然也要依據不同的雜誌略做調整，這樣成功的機率才能相對提高。總之，在這個階段，你要藉著這些準備動作，慢慢了解自己擅長的造型風格，分析屬於自己的屬性，才能真正地跨出成功的第一步！

（二）口耳相傳期：當你累積一段工作經歷之後，自然而然地會有很多合作伙伴對你的工作有所評價，這時你就要以更積極的工作態度、更專業的造型能力，外加最合理的費用，來建立你在業界的口碑！通常在這個階段，我建議大家對於酬勞不用太堅持，不過絕非刻意銷價競爭，而是要切記這時候的階段任務是累積更多工作經驗，這遠比賺取更多通告費用重要！你要能夠衡量怎麼盡己之所能，把握每一次工作的機會，從中學習與不同合作對象碰撞出來的火花，這樣你就可以迅速地讓大家發現你的實力所在，相對地就會有穩定的通告來源。

（三）專業拓展期：現在的造型師工作是個非常競爭的行業，不管長江前浪或後浪，都必須用更多心力來維持工作機會，因為只要你稍不留心就很容易被取代，圈內有句名言就是——「沒有人可以不被取代！」所以在工作的狀況裡，除了要讓人信服你的專業能力，要能讓工作夥伴覺得你確實物超所值，除了專業能力外，還要有說服的能力！因為當工作經驗累積到相當程度，自己的專業能力也會有一定程度的提昇，這時候成為類似顧問的角色非常重要！因為如果藝人或經紀公司對於造型有疑慮，或是跟你的專業判斷相互違背的時候，適時地提出衷心建議，不但可以幫藝人解決問題，更能幫自己的專業形象加分。所以在這個階段，要開始學會溝通協調，對於專業領域的涉獵也要更加廣泛，對於不同藝人的造型，必須要具備專屬分類的能力，這樣對於工作會有很大的幫助。

（四）主動出擊期：當你累積了豐富的工作經驗，相信大家對你的工作熱忱或是敬業態度甚至專業素養，都有了高度的信任，那你就應該回過頭去做一些類似毛遂自薦的方式，但這跟剛入行的模式是完全不同的！你可以先開始針對特別想合作的藝人或模特兒，積極地爭取機會，因為經過時間與經驗的累積，你在業界或許已經有相當的知名度，這時候對於通告內容就要更加謹慎，因為每一次的作品都可能受到檢驗，所以你在這個階段，要學會爭取讓自己的作品有很好的曝光機會，把握每一個重要的通告，讓每次的作品都可以成為經典。有了這樣的決心的態度，相信你一定就是成功的造型師！

我的第一個電視節目

一開始做這行，真的沒有想太多，甚至可以說只是抱著打工的心態。當時我才大學二年級，平常還在冰淇淋餐廳打工端盤子，有通告才會去工作室，沒通告就繼續過我的大學生活，直到接了讓我踏出自己工作室的第一個通告，負責帶狀節目的造型，我才開始認真考慮要好好地做「造型」這份工作。

我的第一個帶狀節目造型通告費，一天才兩千元，一天錄五集，也就是說一集只有四百元的酬勞！但一般節目造型的行情是每集三千元，一天能錄四集就很拚了，還好當時我年輕力壯可以這樣操，不然錄完一整天，錢沒賺多少，命已經少了半條！

由於這個通告是一個旅遊節目，製作單位要的造型風格，都是比較誇張或是符合主題性的造型，所以每個造型都是一次挑戰，我的任務就是不管製作單位拿出什麼當地名產或特色裝飾品，我都要想盡辦法把它弄到主持人的頭上或身上，這樣才能真正完成製作單位的要求。但

也因為這些千奇百怪的指令，讓我對造型衝撞出更多的興趣，也因為接了這個節目，才讓我真正地把造型當成一份工作，而不是單純打工的心態。

後來整整三年的時間，任何通告只要時間排得上我都接，不管是唱片、雜誌或電視，甚至連 AV 女優的寫真集我都接過，最高紀錄一天排了七個通告，從早上一直忙到晚上，有時候隔天去學校上課都會腰痠背痛，因為那時候我已認定這是我畢業後的工作，所以我必須累積大量的經驗，當時我從來不去計較通告費有多少，或是通告內容有多麼複雜，因為我知道這樣的實戰累積，可以讓我成為隨時上戰場的猛將！

由於娛樂圈的生態比較特別，這是一個講求效率和團隊默契的環境，如果其中的關節沒有拴好，就會影響到團隊的表現，所以多累積工作經驗的這段期間，就是要培養自己的應變能力及對於工作進度的掌控，讓自己成為團隊裡的助力而不是阻力！

當我不再只是造型師

過去我除了有自己的電台節目，也參與過多個時尚節目的主持，對於「跨界藝人化」這件事，我算是做得最徹底！

但我並不是個一心想當明星的人，對於這樣的誤解，剛好可以趁此澄清一番！想當初開始走到幕前，我是抱著可以有更多機會讓大家了解流行時尚文化的心態，我總認為流行應該很生活化，而不是跟消費者遙遙相望，所以當初決定要走到幕前，從最基本的改造單元開始做起，就是希望用最淺顯易懂的方式，讓觀眾可以輕鬆跟流行發生關係！

我第一次的幕前演出是在三立的《完全娛樂》，從外景星光大道的連線記者開始我的「演藝生涯」！當年還曾創下以造型師姿態代班現場娛樂主播的紀錄，那時候可是把我嚇死了，因為現場節目不但不容許犯錯，更要能夠一心多用，因為除了要看鏡頭和背稿子，還要對鏡位；更慘的是，同時還要看現場工作人員的指令，因為這樣的魔鬼訓練，讓我之後都不會害怕鏡頭，這部份我確實比其他同行來得幸運，因為

我接觸媒體比較早，相對地也讓觀眾很早就對我很熟悉！曾經碰過一個大學生跟我說，他從小學就看我的節目，當場讓我很震驚！甚至很多新進藝人會說，還沒入行就已經先從媒體上認識我！

當然，這幕後跨到幕前的過程中，我也常常心裡產生拉鋸！

但對我來說，這是相當正面的轉變，因為當造型師開始藝人化之後，所能展現的影響力，絕對比單純的幕後造型師來得高！也因為有了這樣的社會責任，讓我們會督促自己要加倍努力，花更多的心力去充實自己，因為很多時候，可能我們的推薦或是宣導，會讓很多美的資訊得以深入人心，做好把關跟分析，就是我應該要做的工作，當然這不

包括我，還有其他檯面上的老師們，都應該要有著相同的態度，讓我們一起把時尚更深入人心吧！

不過說到能言善道，我其實不是天生就很會說話！小時候我曾經因為語言障礙去醫院接受治療，每次一小時，我會帶著錄音機去上課，回家再練習，但有一次老師教到「駱駝」的發音，特別強調舌頭跟嘴唇的發音，結果就把口水吐到我嘴裡，害我那一整天都不敢再開口！當然也讓我對於「駱駝」這兩個字還是戒慎恐懼！

可男可女無性人

就像先前所提在那段大量接通告期間，對於通告內容我大多是來者不拒，只要時間排得出來，我都會不計酬勞地全力以赴！當然，其中也會有讓我尷尬害羞的通告，那就是「寫真」！

不記得是多久之前，市場盛行出寫真集，所以不管是有名的、沒名的，只要妳敢脫敢露，都可以出寫真集，當時我就接過一個不知名模特兒的寫真集，全程造型號稱有八套，但加起來的布料，大概只有平常藝

人造型的一套半，幾乎所有的造型都是衣不蔽體，甚至是赤裸上陣！而我的工作，除了要幫她打理那些色情的衣服之外，當然也要幫她整理門面，說真的，事隔多年我根本忘記她叫什麼，連她的長相我都非常模糊，但令我印象深刻的，就是這位寫真女模的兩點實在黑得可以，當時攝影師特別叮嚀我要幫她「加工」，也就是要用粉底為她的乳暈上妝，呈現出大家期望的粉紅色調！不過那時候我一心只想趕快化完，好免除掉所謂「性別」上的尷尬，但也因為我太過於急躁；還搞得寫真女模抗議我不夠溫柔！

不過話說回來，造型師的工作，本來就要有隨時放掉性別的觀念！所以我常說：「我是『無性人』！」

所謂「無性人」，就是要能夠忽男忽女、不男不女，遇到男藝人要可以跟他稱兄道弟，碰到女藝人又要可以跟她姐妹情深，所以有時候幾乎要精神錯亂！對於性別的尺度，尤其是在娛樂圈，造型師與藝人之間的界線是最小的，所以在工作的時候，保持健全的心態很重要，在眼前的男女都必須先變成無性別，這樣你才可以迅速地進入專業工作模式，如果你一開始就忸怩作態，這樣不但會讓彼此的信任度降低，更甚還會影響到工作品質。

不過無性人也有難過不堪的時候，話說當年除了寫真女星盛行之外，還有一位特立獨行、舉世聞名的「鳥王 DJ」，當時這位鳥王引起不少話題，自然也吸引了雜誌邀約拍攝封面。那天的拍攝現場氣氛非常詭譎，大家都異常地冷漠，而鳥王來到現場，二話不說就把衣服褲子給脫了，後來我才知道原來那天要拍攝他背部全裸的畫面，不過鳥王平常並沒有晒得很均勻，導致攝影師又要我幫他「加工」，也就是用粉底將他的整個背部處理成健康均勻的膚色！而鳥王這時候背對著我，用手緊

握住他的私處，然後虎視眈眈地看著我幫他的屁股上妝，那時候我真的覺得有種被「羞辱」的感覺，好像我隨時都要偷窺他一樣，但我當時真的很想跟他說：「你有的我也有！你沒有的我也不想要有！」

那是我第一次覺得造型師的工作很卑微也很沒有尊嚴，一方面可能是我在毫無心理準備的情況下，就要蹲著面對鳥王的屁股，另一方面也可能因為鳥王虎視眈眈的態度，讓我徹底難受，這也是我的「無性人生涯」中，唯一一次的嚴重失誤！

那個鳥王你給我記住！就是因為你，害我從那時候心靈創傷到現在，後來再看到你，我就會馬上想起你的屁股，當然更讓我想起你的一雙利眼，還好你弄了雙眼皮，把眼神弄得迷濛了點！哼！蔣偉文！我看你得好好請我吃飯，讓我在多年後可以消消氣！

溝通跟説服不是同一件事

「溝通」就是讓雙方可以說出自己主張的論調，經過討論後達成共識，而「說服」則是堅持自己要求的論調，然後希望對方能夠接受。基本上這是完全不相干的兩件事，但在職場上，卻有大部分的人沒辦法真正分辨其中差異，導致很多人視「開會」這件事為畏途！

當然，在不同類型的職場中，開會的目的也會有所不同。在娛樂圈，開會是很常見的事，不管是經紀人跟藝人、經紀人跟工作人員、藝人跟工作人員、工作人員跟工作人員、工作人員跟製作人、製作人跟廣告客戶、廣告客戶跟業務代理……等等，整個娛樂圈的食物鏈錯綜複雜，而且缺一不可。

我個人是很愛開會，因為我覺得溝通可以讓工作更加順利，大家取得共識，可以讓執行面省去很多步驟，這樣大家對於成品，也可以有完整的期待！

然而，職場上的階級制度，總是會讓很多會議流於俗套，因為很多時候都是主管提出方向，然後期望大家討論出因應之道，但相信大多數人的經驗，都是我們這些執行人員講歸講，到真正決定決策的時候，又變成主管說法！這是職場每天都在上演的角力戰。

對我來說，既然要開會，就要開有意義的會議！我最怕開那種與會人員本身沒想法的狀況，因為我的工作內容裡，有絕大部分是受命於對方，也許是藝人本身、經紀公司或製作單位，又或許是來自廠商客戶等。所以開會的時候，會出現各路人馬一起進行，這時如果大家呈現沒共識的情形，就會讓這個會議流產，於是在一些造型會議上，我會習慣性地擔任起主導的角色，但會站在主導的位置，不是因為我逞強

好表現，而是因為既然是造型會議，造型師的意見應該是最重要的！所以只要跟我共事過的相關單位，都有著這樣完美的默契。

在任何造型會議當中，我都是擔任把關的位置，有時候為了拍攝效果，我會適時地提醒藝人配合服裝尺度或拍攝手法；有時候為了藝人的堅持，我會義務性地去幫藝人做溝通的角色；有時候為了廠商的行銷策略，我必須在造型上多做調整。對我來說，我就是要讓大家都能夠在最專業的判斷下，做最完美的演出。

如同我前面提及溝通的重要性，我認定的溝通是大家有進有退、有捨有得，一個成功的造型師必須要有開放的態度，能夠消化吸收別人的意見。我常看到同行對於溝通有著莫名的恐懼，或常在溝通上出現問題，這些溝通能力是要經過自我修練，以及多方培養個人溝通語言。我的秘訣在於，先站在對方的立場思考，然後從對方在意或是疏忽的地方下手爭取空間，以退為進不是壞事，但要有堅持的立場，記住，多幫對方留一點想像空間，就是幫自己多爭取到實際執行的順暢！

專業造型師的五不和五要

要當個成功的造型師，有些禁忌是必須去面對的，更有很多在工作上的狀況要學會去調適。從入行到現在，我接受過無數的訪問，被問過最多的問題，就是有什麼藝人的八卦之類的，也就是說江湖上常常說「藝人化妝間是八卦的消息來源。」而梳、化、服三師，就是八卦的傳送者！由此可見，大家對於造型師的認知是多麼刻板又膚淺。但也是因為實在有太多不入流的造型師做了這些事，才讓大家有這樣的誤會，所以以下就是我個人堅持的「造型師十大禁忌」！

（一）千萬不能有八卦個性：我真心覺得，八卦是謀殺專業能力的最大因素！造型師通常是藝人工作時第一個碰到的人，而在我們幫藝人做造型的同時，也許為了更熟悉彼此，所以多少會對於藝人的私生活比較熟悉。但是基於工作道德以及對藝人的尊重，我個人堅持「不主動提問」、「不刻意搭腔」，並且絕不把事件帶出化妝間！

（二）千萬不能是個哈拉鬼： 有些人在工作時話特別多，當然我可以理解，多聊天有時候是化解尷尬的好方法，但有些造型師在工作時，會不時地找藝人聊天或是找工作人員哈拉，我個人覺得適度的寒暄是應該的，但真的不宜過度熱情，尤其工作時如果不停地跟大家聊天，對我來說會有一種「不夠專業」的觀感。

（三）千萬不能成為追星族：每個人都有自己的偶像，碰到偶像會有瘋狂舉動也是在所難免，但當你今天是專業的工作人員，就應該拿捏適當分寸 。我看過很多造型師以跟藝人合照為樂，甚至成為自己炫耀的工具，這樣就讓我很瞧不起，因為我認為成功且專業的造型師，不一定要靠多那幾張合照來提升競爭力，所以除非是已經累積相當程度的熟悉，我建議不要刻意找藝人合照，這樣也不會造成藝人的困擾。

李明川
1927
Firenze
BOSS

（四）千萬不能主動要電話：這說來其實是個很微妙的關係，現在大家聯絡管道非常多元，除了電話還有通訊軟體，但對於娛樂圈來說，隱私是非常重要的，尤其是藝人，所以在與藝人的相處上，必須要拿捏地非常精準 。怎樣能讓藝人覺得舒服而又親近，可是一門大學問！所以我提醒大家，千萬不要私下主動跟藝人要電話，一方面避免尷尬，另一方面也避免產生不必要的誤會。

（五）千萬不要找藝人拍照：我在工作的時候，最怕看到有些工作人員一直拼命要求合照。將心比心，當你忙著工作的時候，肯定不想被人打擾，所以我強烈建議，大家在工作過程中盡量不要去犯這些禁忌，甚至還要在工作過程中，幫忙提防那些意圖不軌、想靠合照來騙吃騙喝的人！

（六）一定要有時間的觀念：娛樂圈裡分秒必爭，尤其藝人的時間更是寶貴，常常都是一個通告接著一個通告，所以如何在有限時間內有效率地完成工作，是非常重要的事。如果因為造型師的不守時而耽誤時間，或是因為工作效率過慢而造成進度延宕，我想下次也不會再有人敢找你合作。

（七）一定要隨時保持謙虛： 偶而會耳聞有些造型師習慣自吹自擂，譬如說某某藝人是我將他塑造成如何如何，所以他才會紅或是怎樣的……但真的是路遙知馬力，日久見人心！因為任何成功的工作機制，都是靠大家分工合作完成，任何成果都是團隊合作的力量，在娛樂圈裡什麼都該學習，但就是千萬不要只學會自我膨脹。

（八）一定要保持最佳狀態： 造型師的工作，通常都會近距離地接觸藝人，所以保持好自己的狀況是很重要的！包括小到保持口氣清新，都是基本的禮貌，甚至也要注意到雙手的乾淨與細緻，因為我們的手常常要接觸到藝人或是模特兒臉上，所以如果連這些細節都注意到，也是一種專業態度的表現！

（九）一定要有應變的能力：幫藝人做造型的時候常常會有些突發狀況，或是如果臨時接到緊急的通告，這時候造型師就必須要有處變不驚的能力 ，然後依照當時的狀況，將手邊可利用的資源和自己的專業，以最快速度將工作圓滿達成。

（十）一定要學會表達意見：有些藝人或經紀公司，對於藝人的造型常會有各種建議，當然，有些需求可能會有些不合理，或不一定適合藝人及廠商，這個時候就要表現自己的專業能力，婉轉地提出有建設性的意見，畢竟呈現出成功又對味的造型，才是大家的最高指導原則。

BVLG

國家圖書館出版品預行編目（CIP）資料

善用天賦 : 追尋自我 , 花漾人生持續綻放 / 李明川作 . -- 臺北市 : 水靈文創有限公司 , 2025.04
面；　公分 . -- (自慢 ; 11)
ISBN 978-626-99115-6-1(平裝)

1.CST: 人生哲學 2.CST: 自我實現 3.CST: 生活指導

191.9　　114004286

自慢 011

善用天賦

追尋自我，
花漾人生持續綻放

作　　者　李明川
圖片提供　李明川
總 編 輯　陳嵩壽
編　　輯　陳柏安
視覺設計　林晁綺
行　　銷　張毓芳
出 版 社　水靈文創有限公司
郵　　撥　臺灣企銀 松南分行（050）11012059088
地　　址　11444 臺北市內湖區內湖路一段 387 巷 3 弄 2 號 1 樓
網　　址　www.fansapps.com.tw
電　　話　02-27996466
傳　　真　02-27976366

總 經 銷　聯合發行
電　　話　02-29178022
初　　版　2025 年 4 月
I S B N　978-626-99115-6-1
定　　價　新臺幣 380 元